한 번에 끝내는

일본어
첫걸음

ECK
Books

한 번에 끝내는
일본어 첫걸음

초판인쇄 2019년 3월 8일
초판 3쇄 2024년 12월 1일

지은이 정복임, 박은숙, 이정희, 김귀자
펴낸이 임승빈
펴낸곳 ECK북스
출판사 등록번호 제 2020-000303호
출판사 등록일자 2000. 2. 15
주소 서울시 마포구 창전로2길 27 [04098]
대표전화 02-733-9950 | **이메일** eck@eckedu.com

제작총괄 염경용
편집책임 정유항, 김하진 | **편집진행** 이승연
디자인 다원기획 | **일러스트** 강지혜
마케팅 이서빈, 신신애 | **영업** 이동민, 김미선 | **인쇄** 신우 인쇄

ISBN 978-89-92281-77-5
정가 15,000원

ECK교육 | 세상의 모든 언어를 담다

기업출강 · 전화외국어 · 비대면교육 · 온라인강좌 · 교재출판 · 통번역센터 · 평가센터

ECK교육 www.eckedu.com
ECK온라인강좌 www.eckonline.kr
ECK북스 www.eckbook.com

유튜브 www.youtube.com/@eck7687
네이버 블로그 blog.naver.com/eckedu
페이스북 www.facebook.com/ECKedu.main
인스타그램 @eck__official

한 번에 끝내는
일본어 첫걸음

– 정복임, 박은숙, 이정희, 김귀자 지음 –

ECK
Books

2018년 한해 동안 전체 출국자의 3분의 1이 일본으로 방문하는 여행객이었습니다. 그중 일본 방문자의 절반이 자유여행을 할 정도로 일본에 대한 관심과 일본어에 관한 기대가 매우 높아졌습니다. 또한 혼행족(혼자서 여행하는 사람들)의 경우, 일본 여행이 가장 높은 34% 이상을 차지하고 있습니다.

이렇듯 일본에 대한 관심은 매우 높아지고 취업의 기회도 많아지고 있지만, 정작 일본어 교재에 있어서는 일본어를 배울만한 적당한 교재가 부족하고 교재 내용이 어려워서 학습이 힘들다는 말이 나올 정도입니다. 기초 교재라고 해도 일본어는 중국어와 마찬가지로 한자에서 나온 언어이므로 한자와 일본어를 같이 배워야 하는 부담감이 더 클 것입니다.

『한 번에 끝내는 일본어 첫걸음』은 처음 시작하는 학습자들의 부담과 어려움을 최대한 줄여주기 위해, 한자를 배제하고 히라가나를 먼저 보여줌으로써 일본어를 쉽고 빠르게 익힐 수 있도록 준비했습니다.

1. 한자를 배제한 히라가나만을 배열

   처음 일본어를 시작하는 학습자들을 위해, 1과와 2과는 한자를 배제하고 히라가나만을 사용했습니다. 히라가나를 먼저 배우고 자연스럽게 한자를 익힐 수 있도록 준비했습니다.

2. 일상 생활에서 사용할 수 있는 회화문과 기본 문법에 대한 다양하고 풍부한 예문 수록

   일본어 교재를 독학하는 학습자들이 흔히 겪는 문제점 중 하나는 일본어를 문장체로만 외워서 실생활에 활용하기 힘들다는 점입니다. 이를 보완하기 위해 상황을 설정한 후, 자연스러운 대화 형식을 보여줌으로써 일상 생활에 바로 사용할 수 있도록 준비했습니다.

3. 다양한 연습 문제를 통해 말하기·듣기·쓰기 능력을 배양할 수 있도록 반복적인 단어 사용

　일본어 시험을 대비하기 위한 준비로, 본문이나 연습 문제에 제시된 단어들은 대부분 일본어 능력 시험에 출제되는 단어들로 배열했습니다. 또한, 학습능력을 높이기 위해 반복적인 단어를 사용했습니다.

『한 번에 끝내는 일본어 첫걸음』은 일본어를 강의하며 현장에서 터득한 경험들을 바탕으로, 학습자들이 일본어를 가장 쉽게 이해하고 실생활에 바로 적용할 수 있도록 준비했습니다.

본 교재가 일본어를 시작하는 학습자들에게 기초를 완성하는 데 많은 도움이 되기를 간절히 바랍니다.

끝으로 항상 큰 틀을 잡아주시는 ECK교육 임승빈 대표님과 교재 편집에 도움을 주신 다원기획 이승연 실장님께 감사 인사를 전합니다. 그리고 이 책이 나오기까지 많은 분의 도움을 받았습니다. 그분들에게도 감사드립니다.

저자 일동

예비 학습

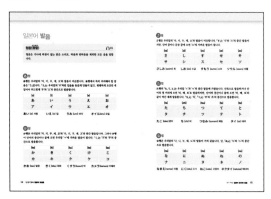

■ 일본어 문자와 발음

히라가나, 가타카나를 소개하고 일본어를 처음 시작하는 학습자들이 어려움 없이 학습을 시작할 수 있도록 '청음, 탁음, 반탁음, 요음, 촉음' 등 일본어 발음을 자세하게 설명했습니다.

본 학습

■ 회화

원어민의 발음이 녹음된 MP3 파일을 듣고 간단한 회화문을 함께 읽어보세요. 전체 대화를 들어보고, 한 마디씩 따라 말할 수 있도록 연습해 보세요.

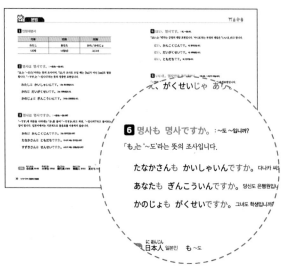

■ 문법

주요 문법과 문형을 설명합니다. 이해를 돕기 위해 다양하고 풍부한 예문으로 구성했습니다.

■ 말하기·듣기·쓰기 연습

각 과에서 학습한 내용을 3가지 영역(말하기, 듣기, 쓰기)으로 나누어 문제를 풀어 보세요.

말하기 문제 : 주요 문법과 문형을 활용하는 말하기 문제입니다.
듣기 문제 : 청취력 향상을 위한 듣기 문제입니다.
쓰기 문제 : 주요 문형을 활용하여 직접 작문해 보는 쓰기 문제입니다.

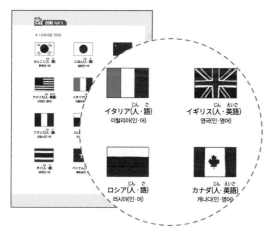

■ 어휘 익히기

회화와 문법에서 학습한 주제와 관련된 어휘를 추가로
제공합니다. 본문 이외의 다양한 어휘를 학습할 수 있
습니다.

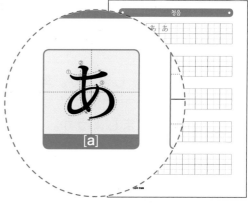

책 속의 책 : 가나 쓰기 연습

히라가나와 가타카나를 보고 따라 쓰는 연습을
합니다. 각 글자의 획에 쓰는 순서를 표시하여
쉽게 따라 쓸 수 있도록 하였습니다.

문 법	어 휘
• 일본어 문자　　• 일본어 발음 – 청음, 탁음, 반탁음, 요음, 촉음, 발음, 장음	
❶ 인칭대명사　　　　　　　　　　❷ 명사는 명사입니다. ~은/는 ~입니다. ❸ 명사는 명사입니까? ~은/는 ~입니까?　❹ 네, 명사입니다. 네, ~입니다. ❺ 아니요, 명사가 아닙니다.　　　　❻ 명사도 명사입니까? ~도 ~입니까? 　　아니요, ~이/가 아닙니다.	나라(사람·언어)
❶ 지시사 こ·そ·あ·ど (이·그·저·어느)　❷ の의 용법　❸ 의문사	사물, 장소
❶ 숫자 0 ~ 100 ❷ 시간 말하기 : (1) 何時ですか。 몇 시입니까?　(2) 何分ですか。 몇 분입니까? ❸ ~から~まで ~부터/에서 ~까지	다양한 편의시설
❶ い형용사 : (1) 기본형 (2) 정중체 (3) 부정형 (4) 명사 수식 (5) い형용사의 연결 ~くて : ~고/~서 ❷ 접속조사 ~が : ~(ㄴ)데, ~지만 ❸ 명사 は どうですか。 ~은/는 어떻습니까?	い형용사
❶ な형용사 : (1) 기본형 (2) 정중체 (3) 부정형 (4) 명사 수식 (5) な형용사의 연결 ~で : ~고/~서 　(6) ~が 好きだ·嫌いだ·上手だ·下手だ ~을/를 좋아하다·싫어하다·능숙하다·서툴다 ❷ 원인·이유 ~から ~이니까/~이기 때문에	な형용사
❶ 숫자 100 ~ 100,000　　❷ いくらですか。 얼마입니까?　　❸ 조수사 ❹ いくつですか。 몇 개입니까?　　❺ ~(を) ください。 ~(을/를) 주세요.	여러 가지 메뉴
❶ い형용사의 과거형과 과거 부정형　　❷ な형용사의 과거형과 과거 부정형 ❸ 명사의 과거형과 과거 부정형　　❹ 날짜 말하기 ❺ 명사는 いつですか。 ~은/는 언제입니까?	기분이나 감정을 나타내는 형용사
❶ Aと Bと どちらが ~ですか。 A와 B 중 어느 쪽이 ~합니까? ❷ (Aより) Bの 方が ~です。 (A보다) B가 ~입니다. ❸ ~の なかで 何 / 誰 / どこ / いつ / どれが 一番 ~ですか。 　~ 중에서 무엇/누구/어디/언제/어느 것이 가장 ~합니까? ❹ ~が 一番 ~です。 ~이 가장 ~합니다.	과일, 색
❶ 장소에 사물/식물이 あります。 ~에 (사물/식물)이 있습니다. ❷ 장소에 사람/동물이 います。 ~에 (사람/동물)이 있습니다. ❸ ありません / いません。 없습니다.　　❹ 위치를 나타내는 명사	가족 명칭
❶ 동사의 분류 (1그룹, 2그룹, 3그룹)　❷ ~ます(ません)。 ~합니다(~하지 않습니다).　❸ 조사	자주 쓰이는 일과 표현
❶ 「~ます」의 과거형 ❷ 「ます」형을 활용한 권유와 의향 묻기 　(1) ~ませんか。 ~하지 않겠습니까?　(2) ~ましょう。 ~합시다.　(3) ~ましょうか。 ~할까요?	1그룹 동사
❶ 동사의 「ます」형 + に 行く / 来る ~하러 가다/오다 ❷ 동사의 「ます」형 + たい ~하고 싶다 ❸ 동사의 「ます」형 + ながら ~하면서　　❹ 동사의 「ます」형 + やすい / にくい 　　　　　　　　　　　　　　　　　　　~하기 쉽다·좋다/어렵다·불편하다	2그룹 동사, 한자어 + する

예|비|학|습

일본어 문자와 발음

일본어 문자

일본어는 히라가나(ひらがな), 가타카나(カタカナ), 한자(漢字), 로마자, 그리고 아라비아 숫자와 몇 가지 부호로 표기됩니다. 일본어 표기의 원칙은 한자와 가나(히라가나와 가타카나를 합쳐 '가나'라고 합니다)를 섞어 쓰는 것이며, 로마자는 가타카나로 표기합니다.

■ 히라가나

히라가나는 현대 일본어의 가장 기본이 되는 문자로써, 46자로 통일되어 사용되고 있습니다. 한자의 초서체에서 비롯되어 9세기경에 만들어진 히라가나는 주로 여성들이 사용하는 문자로 '여성 글자'라고도 불리었습니다.

■ 가타카나

한자의 일부를 차용해서 만든 글자로, 외래어 표기나 의성어·의태어, 상호, 그리고 특수한 강조 효과를 나타낼 때 사용합니다. 「シ」·「ツ」、「ソ」·「ン」와 같이 모양이 비슷한 글자가 많으므로 정확히 암기해서 사용해야 합니다.

■ 한자

우리나라에서는 한자를 음(음독)으로만 읽지만, 일본에서는 한자를 음(음독)으로 읽기도 하고 뜻(훈독)으로 읽기도 합니다. 따라서, 한자 한 글자를 2가지 이상의 방법으로 읽는 경우도 있습니다.

오십음도(五十音図)

'오십음'이란 가나로 적은 일본어의 50개의 음(음절)을 말하고, '오십음도'란 가나의 50음을 5단 10행으로 배열한 표를 말합니다. 단, 「ん(ン)」은 가나의 하나지만, 행이나 단에 속하지 않습니다.

• 히라가나(ひらがな)

	あ행	か행	さ행	た행	な행	は행	ま행	や행	ら행	わ행	
あ단	あ [a]	か [ka]	さ [sa]	た [ta]	な [na]	は [ha]	ま [ma]	や [ya]	ら [ra]	わ [wa]	
い단	い [i]	き [ki]	し [si]	ち [chi]	に [ni]	ひ [hi]	み [mi]		り [ri]		
う단	う [u]	く [ku]	す [su]	つ [tsu]	ぬ [nu]	ふ [hu]	む [mu]	ゆ [yu]	る [ru]		
え단	え [e]	け [ke]	せ [se]	て [te]	ね [ne]	へ [he]	め [me]		れ [re]		
お단	お [o]	こ [ko]	そ [so]	と [to]	の [no]	ほ [ho]	も [mo]	よ [yo]	ろ [ro]	を [o]	ん [n]

• 가타카나(カタカナ)

	ア행	カ행	サ행	タ행	ナ행	ハ행	マ행	ヤ행	ラ행	ワ행	
ア단	ア [a]	カ [ka]	サ [sa]	タ [ta]	ナ [na]	ハ [ha]	マ [ma]	ヤ [ya]	ラ [ra]	ワ [wa]	
イ단	イ [i]	キ [ki]	シ [si]	チ [chi]	ニ [ni]	ヒ [hi]	ミ [mi]		リ [ri]		
ウ단	ウ [u]	ク [ku]	ス [su]	ツ [tsu]	ヌ [nu]	フ [hu]	ム [mu]	ユ [yu]	ル [ru]		
エ단	エ [e]	ケ [ke]	セ [se]	テ [te]	ネ [ne]	ヘ [he]	メ [me]		レ [re]		
オ단	オ [o]	コ [ko]	ソ [so]	ト [to]	ノ [no]	ホ [ho]	モ [mo]	ヨ [yo]	ロ [ro]	ヲ [o]	ン [n]

일본어 **발음**

청음(淸音) せいおん 🎧 01

청음은 가나에 탁점이 없는 맑은 소리로, 탁음과 반탁음을 제외한 모든 음을 말합니다.

あ행

あ행은 우리말의 '아, 이, 우, 에, 오'와 발음이 비슷합니다. あ행에서 특히 주의해야 할 발음은 「う」입니다. 「う」는 우리말의 '우'처럼 입술을 둥글게 만들지 않고, 평평하게 조금만 내밀어서 부드럽게 '우'와 '으'의 중간으로 발음합니다.

[a]	[i]	[u]	[e]	[o]
あ	い	う	え	お
ア	イ	ウ	エ	オ

あい [ai] 사랑　　いえ [ie] 집　　うみ [umi] 바다　　オイル [oiru] 오일

か행

か행은 우리말의 '카, 키, 쿠, 케, 코'와 '가, 기, 구, 게, 고'의 중간 발음입니다. 그러나 か행이 단어의 중간이나 끝에 오면 우리말 'ㄲ'에 가까운 발음이 됩니다. 「く」는 '구'와 '쿠'의 중간으로 발음합니다.

[ka]	[ki]	[ku]	[ke]	[ko]
か	き	く	け	こ
カ	キ	ク	ケ	コ

かお [kao] 얼굴　　きく [kiku] 국화　　くすり [kusuri] 약　　カメラ [kamera] 카메라

さ행

さ행은 우리말의 '사, 시, 수, 세, 소'와 발음이 비슷합니다. 「す」는 '수'와 '스'의 중간 발음이지만, 단어 끝이나 문장 끝에 오면 '스'에 가까운 발음이 됩니다.

[sa]	[si]	[su]	[se]	[so]
さ	し	す	せ	そ
サ	シ	ス	セ	ソ

さしみ [sasimi] 회 　　しお [sio] 소금 　　すもう [sumo:] 스모 　　ソウル [souru] 서울

た행

た행의 「た, て, と」는 우리말 'ㄷ'과 'ㅌ'의 중간 발음에 가깝습니다. 단독으로 발음하거나 단어의 첫 머리에 오면 '타, 테, 토'로 발음하지만, 단어의 중간이나 끝에 오면 '따, 떼, 또'와 같이 약간 세게 발음합니다. 「ち」는 '치', 「つ」는 '쯔'와 '츠'의 중간으로 발음합니다.

[ta]	[chi]	[tsu]	[te]	[to]
た	ち	つ	て	と
タ	チ	ツ	テ	ト

たこ [tako] 문어 　　ち [chi] 피 　　つなみ [tsunami] 해일 　　タイ [tai] 태국

な행

な행은 우리말의 '나, 니, 누, 네, 노'와 발음이 거의 같습니다. 단, 「ぬ」는 '누'와 '느'의 중간으로 발음합니다.

[na]	[ni]	[nu]	[ne]	[no]
な	に	ぬ	ね	の
ナ	ニ	ヌ	ネ	ノ

なまえ [namae] 이름 　　にく [niku] 고기 　　ねこ [neko] 고양이 　　ネクタイ [nekutai] 넥타이

は행

は행은 우리말의 '하, 히, 후, 헤, 호'와 발음이 거의 같습니다. 단, 「ふ」는 '후'와 '흐'의 중간 으로 발음합니다.

[ha]	[hi]	[hu]	[he]	[ho]
は	ひ	ふ	へ	ほ
ハ	ヒ	フ	ヘ	ホ

はな [hana] 꽃   ひと [hito] 사람   へや [heya] 방   ホテル [hoteru] 호텔

ま행

ま행은 우리말의 '마, 미, 무, 메, 모'와 발음이 거의 같습니다. 단, 「む」는 '무'와 '므'의 중간 으로 발음합니다.

[ma]	[mi]	[mu]	[me]	[mo]
ま	み	む	め	も
マ	ミ	ム	メ	モ

まち [machi] 거리   みち [michi] 길   め [me] 눈   メモ [memo] 메모

や행

や행은 우리말의 '야, 유, 요'와 발음이 거의 같습니다. 단, 「ゆ」와 「よ」는 우리말처럼 입술 을 앞으로 내밀어 발음하지 않습니다.

[ya]	[yu]	[yo]
や	ゆ	よ
ヤ	ユ	ヨ

やま [yama] 산   ゆき [yuki] 눈   よる [yoru] 밤   ユーモア [yuːmoa] 유머

ら행

ら행은 우리말의 '라, 리, 루, 레, 로'와 발음이 거의 같습니다. 「る」는 '루'와 '르'의 중간이 아닌, '루'에 가까운 발음입니다.

[ra]	[ri]	[ru]	[re]	[ro]
ら	り	る	れ	ろ
ラ	リ	ル	レ	ロ

るす[rusu] 부재중　　れい[re:] 0(숫자)　　ろく[roku] 6(숫자)　　ロシア[rosia] 러시아

わ행

「わ」는 반모음이며 우리말의 '와'와 발음이 비슷합니다. 「を」는 あ행의 「お」와 발음이 같으며, 목적격 조사 '~을/를'로만 쓰입니다.

[wa]	[o]
わ	を
ワ	ヲ

わたし [watasi] 나

ほんを [hoNo] 책을

ワイフ [waihu] 아내

ん

「ん」은 '응'으로 읽으며, 단어의 처음에 오는 경우는 없습니다. 「ん」은 뒤에 오는 음에 따라 'ㄴ[n], ㅁ[m], ㅇ[ŋ]' 또는 'ㄴ'과 'ㅇ'의 중간음 [N]으로 발음이 달라집니다.

[m, n, ŋ, N]
ん
ン

あんま[amma] 안마, 마사지　　かんじ[kanzi] 한자
りんご[riŋgo] 사과　　でんわ[deNwa] 전화

탁음(濁音)

탁음(濁音) 　　　　　　　　　　　　　　　🎧 02

탁음이란 か행, さ행, た행, は행 글자의 오른쪽 위에 탁점「 ゛」을 붙인 글자입니다.

が 행

が행의 발음은 영어의 [g]와 같습니다.

[ga]	[gi]	[gu]	[ge]	[go]
が	ぎ	ぐ	げ	ご
ガ	ギ	グ	ゲ	ゴ

がいこく [gaikoku] 외국　　ぐあい [guai] 형편, 상태　　ご [go] 5(숫자)　　ガス [gasu] 가스

ざ 행

ざ행은 우리말에 없어서 힘든 발음 중 하나로, ざ행의 자음은 영어의 [z] 발음에 해당합니다. さ행「さ、し、す、せ、そ」발음의 입모양을 그대로 한 채, 성대를 울려서 발음합니다.

[za]	[ji]	[zu]	[ze]	[zo]
ざ	じ	ず	ぜ	ぞ
ザ	ジ	ズ	ゼ	ゾ

じこ [jiko] 사고　　かぜ [kaze] 감기　　ぞう [zo:] 코끼리　　ゼロ [zero] 0(숫자)

だ 행

だ행의「だ、で、ど」의 자음 발음은 영어 [d] 발음과 같고,「ぢ」는「じ」와,「づ」는「ず」과 발음이 같습니다.「ぢ、づ」는 현재 특별한 경우 외에는 쓰이지 않습니다.

[da]	[ji]	[zu]	[de]	[do]
だ	ぢ	づ	で	ど
ダ	ヂ	ヅ	デ	ド

からだ [karada] 몸　　はなぢ [hanaji] 코피　　そで [sode] 소매　　ダイヤ [daiya] 다이아몬드

ば행

ば행은 우리말의 '바, 비, 부, 베, 보'로 나타내기는 하지만, 우리말과 달리 성대를 울려서 내는 소리입니다.

[ba]	[bi]	[bu]	[be]	[bo]
ば	び	ぶ	べ	ぼ
バ	ビ	ブ	ベ	ボ

えび [ebi] 새우
ぼうし [bo:si] 모자

ぶたにく [butaniku] 돼지고기
バラ [bara] 장미

반탁음(半濁音) 🎧 03

반탁음은 は행의 오른쪽 위에 반탁점 「°」을 붙인 글자로, は행에서만 나타납니다.

ぱ행

ぱ행은 단어의 첫 머리에서는 '파, 피, 푸, 페, 포'에 가까운 발음이지만, 단어의 중간이나 끝에 오면 '빠, 삐, 뿌, 뻬, 뽀'와 같이 강하게 발음합니다.

[pa]	[pi]	[pu]	[pe]	[po]
ぱ	ぴ	ぷ	ぺ	ぽ
パ	ピ	プ	ペ	ポ

ぴかぴか [pikapika] 반짝반짝
ぽかぽか [pokapoka] 따끈따끈

ぺこぺこ [pekopeko] 꼬르륵 꼬르륵
ピアノ [piano] 피아노

요음(拗音) よ^{ようおん}

「い」를 제외한 い단「き、ぎ、し、じ、ち、に、ひ、び、ぴ、み、り」뒤에 반모음「や、ゆ、よ」를 작게 붙여 한 글자처럼 발음하는 것을 말합니다.

[kya]		[kyu]		[kyo]	
きゃ	キャ	きゅ	キュ	きょ	キョ
[gya]		[gyu]		[gyo]	
ぎゃ	ギャ	ぎゅ	ギュ	ぎょ	ギョ
[sya]		[syu]		[syo]	
しゃ	シャ	しゅ	シュ	しょ	ショ
[ja]		[ju]		[jo]	
じゃ	ジャ	じゅ	ジュ	じょ	ジョ
[cha]		[chu]		[cho]	
ちゃ	チャ	ちゅ	チュ	ちょ	チョ
[nya]		[nyu]		[nyo]	
にゃ	ニャ	にゅ	ニュ	にょ	ニョ
[hya]		[hyu]		[hyo]	
ひゃ	ヒャ	ひゅ	ヒュ	ひょ	ヒョ
[bya]		[byu]		[byo]	
びゃ	ビャ	びゅ	ビュ	びょ	ビョ
[pya]		[pyu]		[pyo]	
ぴゃ	ピャ	ぴゅ	ピュ	ぴょ	ピョ
[mya]		[myu]		[myo]	
みゃ	ミャ	みゅ	ミュ	みょ	ミョ
[rya]		[ryu]		[ryo]	
りゃ	リャ	りゅ	リュ	りょ	リョ

おちゃ [ocha] 차(茶)　　　　ぎゅうにく [gyu:niku] 소고기

しょうせつ [syo:setsu] 소설　　きゃく [kyaku] 손님

촉음(促音)

🎧05

촉음은 우리말의 받침과 같은 역할을 합니다. 「っ」를 가나의 오른쪽 밑에 작게 써서 앞 글자의 받침처럼 발음합니다. 요음과 달리, 독립된 발음 길이를 가지므로 한 번에 빨리 발음하지 않도록 합니다. 뒤에 오는 行(자음)에 따라 발음이 달라지며, 뒤에 오는 발음은 약간 세게 발음합니다.

(1) **か행 앞에서 [k]로 발음**

よっか [yokka] 4일   ゆっくり [yukkuri] 천천히

(2) **さ행 앞에서 [s]로 발음**

けっせき [kesseki] 결석   まっすぐ [massugu] 똑바로

(3) **た행 앞에서 [t]로 발음**

きって [kitte] 우표   もっと [motto] 더

(4) **ぱ행 앞에서 [p]로 발음**

いっぱい [ippai] 가득   いっぽん [ippoN] 한 병

발음(撥音)

🎧06

「ん」은 우리말의 받침과 같은 역할을 하며, 뒤에 오는 음에 따라 'ㄴ, ㅁ, ㅇ' 또는 'ㄴ' 과 'ㅇ'의 중간음으로 발음이 달라집니다. 「さんま」의 경우, [sa-m-ma]의 3박으로 발음합니다. 즉, 우리말의 받침과 같은 역할을 하지만, 「ん」도 1박의 길이를 가지므로 발음에 주의해야 합니다.

(1) **ま、ば、ぱ행 앞에서 [m]로 발음**

さんま [samma] 꽁치   せんぱい [sempai] 선배

(2) ざ、た、だ、な、ら행 앞에서 [n]로 발음

せんたく [sentaku] 선택　　　　ほんだな [hondana] 책장

(3) か、が행 앞에서 [ŋ]로 발음

でんき [deŋki] 전기　　　　まんが [maŋga] 만화

(4) あ、は、や、わ행 앞이나, [ん]가 단어의 맨 끝에 올 때 「N」으로 발음

ほんや [hoNya] 서점　　　　でんわ [deNwa] 전화

장음(長音・のばす音)　　　　🎧 07

장음은 모음이 연결될 때, 뒤의 모음은 따로 발음하지 않고 앞의 모음을 한 박자 길게 끌어서 발음하는 것을 말합니다. 일본어에서는 장음이 있고 없음에 따라 뜻이 달라집니다. 가타카나의 장음은 「ー」를 써서 나타냅니다.

(1) あ단 + あ → [aː]

おかあさん [okaːsaN] 엄마　　　　おばあさん [obaːsaN] 할머니

カー [kaː] 자동차

(2) い단 + い → [iː]

おじいさん [ojiːsaN] 할아버지　　　　おにいさん [oniːsaN] 형, 오빠

ビール [biːru] 맥주

(3) う단 + う → [uː]

くうき [kuːki] 공기　　　　すうじ [suːzi] 숫자

クーラー [kuːraː] 에어컨

(4) え단 + え → [eː]

おねえさん [oneːsaN] 누나, 언니   セーター [seːtaː] 스웨터

(5) え단 + い → [eː]

えいが [eːga] 영화   めいし [meːsi] 명함

ケーキ [keːki] 케이크

(6) お단 + お → [oː]

おおい [oːi] 많다   こおり [koːri] 얼음

コート [koːto] 코트

(7) お단 + う → [oː]

おとうさん [otoːsaN] 아버지   きのう [kinoː] 어제

ソース [soːsu] 소스, 출처

* 발음 비교

おばさん [obasaN] 아주머니, 고모, 이모	おばあさん [obaːsaN] 할머니
おじさん [ojisaN] 아저씨, 삼촌	おじいさん [ojiːsaN] 할아버지
ゆき [yuki] 눈	ゆうき [yuːki] 용기
めし [mesi] 밥	めいし [meːsi] 명함
おい [oi] 조카	おおい [oːi] 많다

인·사·말

• 기본인사

おはよう ございます。 안녕하세요. (아침인사)

こんにちは。 안녕하세요. (점심인사)

こんばんは。 안녕하세요. (저녁인사)

• 집을 나가고 들어올 때

A : いって きます。 다녀오겠습니다.

B : いってらっしゃい。 다녀오세요.

A : ただいま。 다녀왔습니다.

B : おかえりなさい。 어서 오세요.

• 처음 만날 때

A : はじめまして。どうぞ よろしく お願いします。

처음 뵙겠습니다. 잘 부탁드립니다.

B : こちらこそ、どうぞ よろしく お願いします。

저야말로, 잘 부탁드립니다.

• 헤어질 때

A : では、また。 그럼, 또.

B : さようなら。 안녕히 가(계)세요.

• 안부를 물을 때

A : お元気ですか。 잘 지내세요?

B : はい、おかげさまで (元気です)。 네, 덕분에 잘 지냅니다.

- 잠자리에 들 때

  A : お休^{やす}みなさい。 안녕히 주무세요.
  B : お休^{やす}み。 잘 자.

- 감사할 때

  A : ありがとうございます。 감사합니다.
  B : (いいえ、) どういたしまして。 천만에요.

- 사과할 때

  A : すみません。 죄송합니다.
  B : いいえ、だいじょうぶです。 아니에요, 괜찮습니다.

- 식사할 때

  いただきます。 잘 먹겠습니다.
  ごちそうさまでした。 잘 먹었습니다.

- 기타

  おつかれさまでした。 수고하셨습니다.
  お先^{さき}に 失礼^{しつれい}します。 먼저 실례하겠습니다.
  おめでとうございます。 축하합니다.

1

はじめまして。

처음 뵙겠습니다.

≫ 다나카 씨가 이(시우) 씨에게 스즈키 씨를 소개합니다.

イ　　　おはようございます。

たなか　おはようございます。

　　　　イさん、こちらは　すずきさんです。

イ　　　はじめまして。イシウです。

　　　　よろしく　おねがいします。

すずき　すずきです。こちらこそ、よろしく　おねがいします。

　　　　イさんは　かいしゃいんですか。

イ　　　いいえ、かいしゃいんじゃ　ありません。

　　　　がくせいです。すずきさんは?

すずき　わたしは　かいしゃいんです。

이(시우)　　　안녕하세요.

다나카　　　안녕하세요. 이(시우) 씨, 이쪽은 스즈키 씨입니다.

이(시우)　　　처음 뵙겠습니다. 이시우입니다. 잘 부탁드립니다.

스즈키　　　스즈키입니다. 저야말로, 잘 부탁드립니다. 이(시우) 씨는 회사원인가요?

이(시우)　　　아니요, 회사원이 아닙니다. 학생입니다. 스즈키 씨는요?

스즈키　　　저는 회사원입니다.

새단어

□ イ 이 (한국인 성)	□ はじめまして 처음 뵙겠습니다
□ 田中(たなか) 다나카 (일본인 성)	□ よろしく お願(ねが)いします 잘 부탁드립니다
□ 鈴木(すずき) 스즈키 (일본인 성)	□ ～こそ ～야말로
□ おはようございます (아침인사) 안녕하세요	□ 会社員(かいしゃいん) 회사원
□ こちら 이쪽	□ 学生(がくせい) 학생
□ ～です ～입니다	□ ～じゃ ありません ～이/가 아닙니다

문법

1 인칭대명사

1인칭	2인칭	3인칭
わたし	あなた	かれ / かのじょ
나(저)	너(당신)	그/그녀

2 명사는 명사です。 : ~은/는 ~입니다.

「は」는 '~은/는'이라는 뜻의 조사이며, 「は」가 조사로 쓰일 때는 [ha]가 아닌 [wa]로 발음합니다. 「~です」는 '~입니다'라는 뜻의 정중한 표현입니다.

> わたしは かいしゃいんです。 나는 회사원입니다.
>
> かれは だいがくせいです。 그는 대학생입니다.
>
> かのじょは ぎんこういんです。 그녀는 은행원입니다.

3 명사는 명사ですか。 : ~은/는 ~입니까?

「~です」에 의문을 나타내는 「か」를 붙여 「~ですか」라고 하면, '~입니까?'라고 물어보는 말이 됩니다. 일본어에서는 기본적으로 의문문에 물음표를 사용하지 않습니다.

> かれは かんこくじんですか。 그는 한국인입니까?
>
> たなかさんは ともだちですか。 다나카 씨는 친구입니까?
>
> すずきさんは せんせいですか。 스즈키 씨는 선생님입니까?

・단어) かいしゃいん 会社員 회사원　だいがくせい 大学生 대학생　ぎんこういん 銀行員 은행원　かんこくじん 韓国人 한국인　とも 友だち 친구　せんせい 先生 선생

4 はい、명사です。 : 네, ~입니다.

「はい」는 '네'라는 긍정의 대답 표현입니다. '아니요'라는 부정의 대답은 「いいえ」라고 합니다.

> はい、かんこくじんです。 네, 한국인입니다.
>
> はい、だいがくせいです。 네, 대학생입니다.
>
> はい、ともだちです。 네, 친구입니다.

5 いいえ、명사じゃ ありません。 : 아니요, ~이/가 아닙니다.

「~じゃ ありません」은 '~이/가 아닙니다'라는 뜻으로, 명사의 부정표현입니다.
「じゃ」는 「では」의 축약형으로, 회화체에 많이 쓰입니다.

> いいえ、にほんじんじゃ ありません。 아니요, 일본인이 아닙니다.
>
> いいえ、せんせいじゃ ありません。 아니요, 선생이 아닙니다.
>
> いいえ、がくせいじゃ ありません。 아니요, 학생이 아닙니다.

6 명사も 명사ですか。 : ~도 ~입니까?

「も」는 '~도'라는 뜻의 조사입니다.

> たなかさんも かいしゃいんですか。 다나카 씨도 회사원입니까?
>
> あなたも ぎんこういんですか。 당신도 은행원입니까?
>
> かのじょも がくせいですか。 그녀도 학생입니까?

・단어・ 日本人(にほんじん) 일본인　 ~も ~도

말하기 연습

1 질문에 〈보기〉와 같이 답해 보세요.

> ·보기·
>
> A : キムさんは がくせいですか。
>
> B₁: <u>はい、がくせいです。</u>
>
> B₂: <u>いいえ、がくせいじゃ ありません。</u>

(1) A : すずきさんは かいしゃいんですか。

B₁: _____ 。

B₂: _____ 。

(2) A : かれは かんこくじんですか。

B₁: _____ 。

B₂: _____ 。

(3) A : やまださんは ともだちですか。

B₁: _____ 。

B₂: _____ 。

2 그림을 보고 〈보기〉와 같이 답해 보세요.

・보기・

ぎんこういん

A: たなかさんは かいしゃいんですか。

B: <u>いいえ、かいしゃいんじゃ ありません。</u>
<u>ぎんこういんです。</u>

(1)

こうこうせい

A: たなかさんは だいがくせいですか。

B: _____。

(2)

ともだち

A: やまださんは せんぱいですか。

B: _____。

(3)

かれし

A: キムさんは ともだちですか。

B: _____。

・단어・ 高校生 (こうこうせい) 고등학생   先輩 (せんぱい) 선배   彼氏 (かれし) 남자친구

3 그림을 보고 〈보기〉와 같이 답해 보세요.

> **보기**
>
>
>
> A : あなたも かんこくじんですか。
> B : はい、わたしも かんこくじんです。
>
>
>
> A : あなたも かんこくじんですか。
> B : いいえ、わたしは かんこくじんじゃ ありません。
>   にほんじんです。

(1)

ぎんこういん

A : かれも かいしゃいんですか。

B : _____。

(2)

モデル

A : かのじょも デザイナーですか。

B : _____。

(3)

せんせい

A : すずきさんも せんせいですか。

B : _____。

・단어・ **デザイナー** 디자이너   **モデル** 모델

1 문제를 듣고 빈칸을 받아써 보세요. 🎧 10

(1) わたしは ＿＿＿＿＿＿＿＿＿です。

(2) たなかさんは ＿＿＿＿＿＿＿＿＿ですか。

(3) キムさんは ＿＿＿＿＿＿＿＿ では ありません。

(4) ＿＿＿＿＿＿＿＿＿＿＿＿＿＿＿＿＿＿＿＿＿＿。

2 문제를 듣고 내용에 맞는 그림을 골라 보세요. 🎧 11

(1) ＿＿＿＿＿ (2) ＿＿＿＿＿ (3) ＿＿＿＿＿ (4) ＿＿＿＿＿

①

②

③

④

・단어・ 野球選手(やきゅうせんしゅ) 야구선수　カナダ 캐나다　中国人(ちゅうごくじん) 중국인　アメリカ 미국

다음 우리말을 일본어로 써 보세요.

1 당신은 회사원입니까?

_____ 。

2 스즈키 씨는 선배입니까?

_____ 。

3 그는 의사입니까? 은행원입니까?

_____ 。

4 저는 일본인이 아닙니다. 한국인입니다.

_____ 。

5 그녀도 친구입니까?

_____ 。

● 나라(사람·언어)

かんこく(人 · 語)

한국(인·어)

にほん(人 · 語)

일본(인·어)

ちゅうごく(人 · 語)

중국(인·어)

アメリカ(人 · 英語)

미국(인·영어)

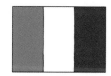

イタリア(人 · 語)

이탈리아(인·어)

イギリス(人 · 英語)

영국(인·영어)

フランス(人 · 語)

프랑스(인·어)

ロシア(人 · 語)

러시아(인·어)

カナダ(人 · 英語)

캐나다(인·영어)

タイ(人 · 語)

태국(인·어)

ベトナム(人 · 語)

베트남(인·어)

ドイツ(人 · 語)

독일(인·어)

2

これは なんですか。

이것은 무엇입니까?

≫ 다나카 씨가 이(시우) 씨가 읽고 있는 잡지에 대해 묻습니다.

たなか　イさん、それは なんですか。

イ　　　これですか。ざっしです。

たなか　なんの ざっしですか。

イ　　　ファッションざっしです。

たなか　かんこくの ざっしですか。

イ　　　いいえ、フランスのです。

たなか　イさんのですか。

イ　　　いいえ、わたしのじゃ ありません。ともだちのです。

たなか　あ、そうですか。

다나카	이(시우) 씨, 그것은 무엇입니까?
이(시우)	이것 말입니까? 잡지입니다.
다나카	무슨 잡지입니까?
이(시우)	패션 잡지입니다.
다나카	한국 잡지입니까?
이(시우)	아니요, 프랑스 겁니다.
다나카	이(시우) 씨의 것입니까?
이(시우)	아니요, 제 것이 아닙니다. 친구의 것입니다.
다나카	아, 그렇습니까.

새단어

□ それ 그것	□ ファッション 패션
□ 何 무엇 なん	□ フランス 프랑스
□ これ 이것	□ の ~의, ~의 것, ~인
□ 雑誌 잡지 ざっし	□ そうですか 그렇습니까

1 지시사 こ·そ·あ·ど (이·그·저·어느)

「こ·そ·あ·ど」는 사물, 장소, 방향 등을 나타내는 지시사로, 가리키는 대상과 말하는 사람(또는 듣는 사람)과의 거리에 따라 각각 쓰임이 다릅니다. 또「この、その、あの、どの」의 형태로 쓰여 명사를 수식하기도 합니다.

	근칭 こ (이) 말하는 사람에 가까운 것을 지칭	중칭 そ (그) 듣는 사람에 가까운 것을 지칭	원칭 あ (저) 말하는 사람이나 듣는 사람 모두에게 멀리 있는 것을 지칭	부정칭 ど (어느) 지시대상이 분명하지 않은 것, 의문을 나타냄
사물	これ 이것	それ 그것	あれ 저것	どれ 어느 것
장소	ここ 여기	そこ 거기	あそこ 저기	どこ 어디
방향	こちら 이쪽	そちら 그쪽	あちら 저쪽	どちら 어느 쪽
명사 수식	この + 명사 이 ~	その + 명사 그 ~	あの + 명사 저 ~	どの + 명사 어느 ~

これは かさです。 이것은 우산입니다.

あれは さいふじゃ ありません。 저것은 지갑이 아닙니다.

ここは びょういんです。 여기는 병원입니다.

あそこは どこですか。 저기는 어디입니까?

トイレは どちらですか。 화장실은 어느 쪽입니까?

この ひとは だれですか。 이 사람은 누구입니까?

·단어· かさ 우산　財布(さいふ) 지갑　病院(びょういん) 병원　トイレ [toilet] 화장실　人(ひと) 사람　誰(だれ) 누구

2 の의 용법

(1) 명사와 명사의 연결

'명사の 명사'의 형식으로 쓰이며, 앞의 명사는 뒤의 명사의 속성, 성질, 소속을 나타냅니다. 보통은 해석하지 않습니다.

これは えいごの ほんです。 이것은 영어책입니다.

それは かんこくの くるまです。 그것은 한국 자동차입니다.

(2) 소유격 '～의'

わたしの かばんです。 제(나의) 가방입니다.

たなかさんの ケータイです。 다나카 씨의 핸드폰입니다.

(3) 소유대명사 '～의 것'

パソコンは わたしのです。 컴퓨터는 제 것(나의 것)입니다.

この とけいは すずきさんのです。 이 시계는 스즈키 씨의 것입니다.

· 단어 · 本 책   車 자동차   かばん 가방   ケータイ (携帯電話) 핸드폰   時計 시계

パソコン (personal computer) 컴퓨터

3 의문사

なん/なに	どこ	だれ	どれ
무엇	어디	누구	어느 것

A: これは なんですか。 이것은 무엇입니까?

B: (それは) ざっしです。 (그것은) 잡지입니다.

A: おてあらいは どこですか。 화장실은 어디입니까?

B: あそこです。 저기입니다.

A: この かさは だれの かさですか。 이 우산은 누구의 우산입니까?

B: わたしの かさです。 제 우산입니다.

A: やまださんの パソコンは どれですか。 야마다 씨의 컴퓨터는 어느 것입니까?

B: これです。 이것입니다.

・단어・ お手洗い 화장실
てあら

1 질문에 〈보기〉와 같이 답해 보세요.

·보기·

> A : これは でんわですか。
> B₁: はい、でんわです。
> B₂: いいえ、でんわじゃ ありません。

(1) A : これは ほんですか。

B₁: _____。

B₂: _____。

(2) A : これは とけいですか。

B₁: _____。

B₂: _____。

(3) A : あれは しんぶんですか。

B₁: _____。

B₂: _____。

·단어· 電話 전화 新聞 신문 時計 시계

2 그림을 보고 〈보기〉와 같이 답해 보세요.

> ·보기·
>
>
>
> A: ここは がっこうですか。
> B: いいえ、がっこうじゃ ありません。
>   かいしゃです。

(1)
ぎんこう

A: ここは かいしゃですか。

B: _____ 。

(2)
びょういん

A: そこは だいがくですか。

B: _____ 。

(3)
はなや

A: あそこは パンやですか。

B: _____ 。

·단어· パン屋ᵞ 빵집   はなや 꽃집

3 그림을 보고 〈보기〉와 같이 답해 보세요.

·보기·

_{すずき}
鈴木

はなこ：この　かばんは　たなかさんのですか。

たなか：<u>いいえ、わたしの　かばんじゃ　ありません。
すずきさんのです。</u>

(1)

_{さとう}
佐藤

はなこ：この　ケータイは　たなかさんのですか。

たなか：＿＿＿＿＿＿＿＿＿＿＿＿＿＿＿＿＿＿＿。

(2)

キム

はなこ：その　かさは　イさんのですか。

たなか：＿＿＿＿＿＿＿＿＿＿＿＿＿＿＿＿＿＿＿。

(3)

_{ゆうこ}
優子

はなこ：あの　めがねは　チェさんのですか。

たなか：＿＿＿＿＿＿＿＿＿＿＿＿＿＿＿＿＿＿＿。

·단어· めがね 안경

4 알맞은 의문사를 골라 〈보기〉와 같이 말해 보세요.

| だれ | どれ | いつ | なん | どこ |

·보기·

A: これは （なん）ですか。
B: かばんです。

(1) A: あれは （　　　　）ですか。
B: ケータイです。

(2) A: たなかさんは （　　　　）ですか。
B: わたしです。

(3) A: あそこは （　　　　）ですか。
B: がっこうです。

(4) A: さとうさんの とけいは （　　　　）ですか。
B: これです。

·단어· いつ 언제

1 문제를 듣고 빈칸을 받아써 보세요.　🎧 13

(1) この かさは ＿＿＿＿＿＿＿＿＿ です。

(2) デパートは ＿＿＿＿＿＿＿＿ ですか。

(3) これは ＿＿＿＿＿＿＿ ですか。

(4) ここは ＿＿＿＿＿＿＿＿＿＿＿。

2 문제를 듣고 내용에 맞는 그림을 골라 보세요.　🎧 14

(1) ＿＿＿＿＿　(2) ＿＿＿＿＿　(3) ＿＿＿＿＿　(4) ＿＿＿＿＿

①
よしだ
吉田

②
あゆみ

③
たなか
田中

④
すずき
鈴木

·단어· デパート 백화점　ぎゅうにゅう 우유

다음 우리말을 일본어로 써 보세요.

1 이 우산은 저의 우산이 아닙니다.

_____ 。

2 여기는 학교입니다.

_____ 。

3 이것은 무엇입니까? 시계입니다.

_____ 。

4 야마다 씨의 책입니까? 아니요, 다나카 씨의 것입니다.

_____ 。

5 이 커피는 누구의 커피입니까? (コーヒー : 커피)

_____ 。

● 사물

つくえ
책상

いす
의자

ふく
옷

かがみ
거울

くつ
구두

けしょうひん
화장품

● 장소

ラーメンや
라면집

デパート
백화점

こうばん
파출소

ゆうびんきょく
우체국

こうえん
공원

えいがかん
영화관

3

今、何時ですか。

지금, 몇 시입니까?

≫ 이(시우) 씨와 다나카 씨가 극장 앞에서 대화를 나눕니다.

田中(たなか)　李(イ)さん、映画(えいが)は 何時(なんじ)からですか。

李(イ)　7時(しちじ)から 9時(くじ) 半(はん)までです。

田中(たなか)　2時間(にじかん) 半(はん)ですか。

李(イ)　はい、そうです。

田中(たなか)　今(いま)、何時(なんじ)ですか。

李(イ)　6時(ろくじ)です。

田中(たなか)　まだですね。では、コーヒーでも いかがですか。

李(イ)　いいですね。

해석

다나카   이(시우) 씨, 영화는 몇 시부터입니까?

이(시우)   7시부터 9시 반까지입니다.

다나카   2시간 반입니까?

이(시우)   네, 그렇습니다.

다나카   지금, 몇 시입니까?

이(시우)   6시입니다.

다나카   아직이군요. 그럼, 커피라도 어떻습니까?

이(시우)   좋습니다.

새단어

□ 何時 몇 시 （なんじ）	□ まだ 아직
□ ～から ～부터	□ では 그럼 (＊ 축약형 じゃ)
□ 半 반 (30분) （はん）	□ ～でも いかがですか ～라도 어떻습니까? (＊ いかがですか는 どうですか 보다 정중한 표현)
□ 時間 시간 （じかん）	□ いいですね 좋습니다

1 숫자 0~100

일본어 숫자 4, 7, 9는 시간, 분, 월(月) 등 각 경우에 따라 다양한 방법으로 말하기 때문에 구분해서 기억해야 합니다.

0	ゼロ・れい	10	じゅう
1	いち	20	にじゅう
2	に	30	さんじゅう
3	さん	40	よんじゅう
4	よん・し・よ	50	ごじゅう
5	ご	60	ろくじゅう
6	ろく	70	ななじゅう
7	なな・しち	80	はちじゅう
8	はち	90	きゅうじゅう
9	きゅう・く	100	ひゃく

11 : じゅういち   15 : じゅうご   27 : にじゅうなな

34 : さんじゅうよん   46 : よんじゅうろく 168 : ひゃくろくじゅうはち

2 시간 말하기

(1) 何時ですか。 : 몇 시입니까?

1時	いちじ	7時	しちじ
2時	にじ	8時	はちじ
3時	さんじ	9時	くじ
4時	よじ	10時	じゅうじ
5時	ごじ	11時	じゅういちじ
6時	ろくじ	12時	じゅうにじ

(2) 何分ですか。：몇 분입니까?
<ruby>何分<rt>なんぷん</rt></ruby>

「分」은「ぷん, ふん」두 가지로 발음됩니다. 1, 3, 4, 6, 8, 10분의 경우「ぷん」으로 발음하며, 나머지는「ふん」으로 발음합니다. 10분의 경우,「じゅっぷん」과「じっぷん」둘 다 쓰입니다.

1分	いっぷん	15分	じゅうごふん
2分	にふん	20分	にじゅっぷん (にじっぷん)
3分	さんぷん	25分	にじゅうごふん
4分	よんぷん	30分 (=半)	さんじゅっぷん (さんじっぷん)
5分	ごふん		
6分	ろっぷん	35分	さんじゅうごふん
7分	ななふん	40分	よんじゅっぷん (よんじっぷん)
8分	はっぷん	45分	よんじゅうごふん
9分	きゅうふん	50分	ごじゅっぷん (ごじっぷん)
10分	じゅっぷん (じっぷん)	55分	ごじゅうごふん

今、何時ですか。7時です。 지금, 몇 시입니까? 7시입니다.

今、何時ですか。9時 30分 (半)です。 지금, 몇 시입니까? 9시 30분(반)입니다.

3 〜から〜まで : 〜부터/에서 〜까지

学校は 何時から 何時までですか。 학교는 몇 시부터 몇 시까지입니까?

銀行は 午前 9時から 午後 4時までです。 은행은 오전 9시부터 오후 4시까지입니다.

ソウルから 東京までです。 서울에서 동경까지입니다.

·단어· 今 지금 午前 오전 午後 오후 ソウル 서울 東京 동경

1 다음 질문에 〈보기〉와 같이 답해 보세요.

> ケータイ(携帯電話)の 番号は 何番ですか。

보기

> (010-2345-6789)
>
> ぜろいちぜろ**の** にさんよんご**の** ろくななはちきゅうです。
>
> * の는 [ー]에 해당

(1) 010-3390-1234

 _____。

(2) 010-5421-8997

 _____。

(3) 010-6809-4455

 _____。

(4) 010-5980-2147

 _____。

단어 携帯電話 휴대전화(핸드폰) 番号 번호 何番 몇 번

2 그림을 보고 다음 질문에 답해 보세요.

> 今、何時ですか。
> いま なんじ

(1)  _____。

(2)  _____。

(3)  _____。

(4)  _____。

3 질문에 〈보기〉와 같이 답해 보세요.

·보기·

A: 学校は 何時から 何時までですか。(午前 9時 〜 午後 6時)

B: 午前 9時から 午後 6時までです。

(1) A: 銀行は 何時から 何時までですか。(午前 9時 〜 午後 4時)

B: ＿＿＿＿＿＿＿＿＿＿＿＿＿＿＿＿＿＿＿＿＿＿＿＿＿＿＿＿。

(2) A: 仕事は 何時から 何時までですか。(午前 8時 〜 午後 5時 半)

B: ＿＿＿＿＿＿＿＿＿＿＿＿＿＿＿＿＿＿＿＿＿＿＿＿＿＿＿＿。

(3) A: 昼休みは 何時から 何時までですか。(11時 50分 〜 12時 50分)

B: ＿＿＿＿＿＿＿＿＿＿＿＿＿＿＿＿＿＿＿＿＿＿＿＿＿＿＿＿。

·단어· 仕事 일 昼休み 점심시간

1 문제를 듣고 빈칸을 받아써 보세요. 🎧16

(1) バイトは ＿＿＿＿＿＿＿＿＿＿ です。

(2) ケータイの 番号は 010－＿＿＿＿＿＿＿＿＿＿ です。

(3) ＿＿＿＿＿＿＿＿＿ は 9時から ＿＿＿＿＿＿＿＿＿ までです。

(4) ＿＿＿＿＿＿＿＿＿＿＿＿＿＿＿＿＿＿＿＿＿＿＿。

2 문제를 듣고 질문에 맞는 답을 골라 보세요. 🎧17

(1) 仕事は 何時から 何時までですか。

　　① 9時～6時　　　　　② 8時～9時

(2) デパートは 何時までですか。

　　① 10時半　　　　　② 8時半

(3) スーパーは 何時からですか。

　　① 午前6時　　　　　② 夜10時

(4) キムさんの ケータイの 番号は 何番ですか。

　　① 010-3395-8563　　　② 010-3394-8563

・단어・ デパート 백화점　スーパー 슈퍼마켓　夜 밤　番号 번호

다음 우리말을 일본어로 써 보세요.

1 수업은 몇 시부터 몇 시까지입니까? (授業 : 수업)

_____ 。

2 점심시간은 12시부터입니다.

_____ 。

3 회의는 3시부터 5시 30분까지입니다. (会議 : 회의)

_____ 。

4 은행은 오전 9시부터 오후 4시까지입니다.

_____ 。

5 테스트는 6시 30분부터 7시 15분까지입니다. (テスト : 테스트)

_____ 。

● 다양한 편의시설

ぎんこう
銀行
은행

ジム
헬스장

スーパー
슈퍼마켓

びょういん
美容院
미용실

てい
バス停
버스 정류장

えき
駅
역

びょういん
病院
병원

や
クリーニング屋
세탁소

コンビニ
편의점

く やくしょ
区役所
구청

と しょかん
図書館
도서관

はくぶつかん
博物館
박물관

4

いい 天気ですね。

날씨가 좋네요.

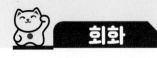

≫ 이(시우) 씨와 다나카 씨가 한국과 일본의 날씨에 대해 이야기합니다.

田中　今日は いい 天気ですね。

李　そうですね。暖かくて いいですね。

田中　韓国の 天気は どうですか。

李　日本と ほとんど 同じです。

田中　そうですか。日本の 夏は とても 暑いですが、
　　　韓国も 暑いですか。

李　韓国も 暑いですが、日本より 暑く ないです。

田中　冬も 日本より 寒く ないですか。

李　いいえ、冬は もっと 寒いです。

다나카	오늘 날씨가 좋네요.
이(시우)	그렇군요. 따뜻하고 좋네요.
다나카	한국 날씨는 어떻습니까?
이(시우)	일본과 거의 같습니다.
다나카	그렇습니까? 일본의 여름은 몹시 더운데요, 한국도 덥습니까?
이(시우)	한국도 덥지만, 일본보다 덥지 않습니다.
다나카	겨울도 일본보다 춥지 않습니까?
이(시우)	아니요, 겨울은 더 춥습니다.

새단어

きょう 今日 오늘	どうですか 어떻습니까?	あつ 暑い 덥다
てんき 天気 날씨	ほとんど 거의	~より ~보다
あたた 暖かい 따뜻하다	おな 同じです 같습니다	ふゆ 冬 겨울
いい 좋다	なつ 夏 여름	もっと 더, 좀 더, 더욱
~ね ~네요	とても 매우	さむ 寒い 춥다

1 い형용사

일본어에는 い형용사와 な형용사가 있습니다. い형용사는 기본형 「～い」로 끝나고, 명사를 수식할 때 「～い」의 형태로 수식합니다.

おもしろい 재미있다
어간   어미

(1) 기본형 : 어간 + い

い형용사의 기본형은 어미가 「い」로 끝나며, 어미 「い」를 변화시켜 활용합니다.

えい が
映画は おもしろい。 영화는 재미있다.   すしは おいしい。 초밥은 맛있다.

(2) 정중체 : 기본형 + です

い형용사의 정중체는 기본형에 「です」를 붙입니다.

えい が
映画は おもしろいです。 영화는 재미있습니다.

すしは おいしいです。 초밥은 맛있습니다.

(3) 부정형

'～지 않다'라는 부정형은 어미 「い」를 「く」로 바꾸고, 부정을 나타내는 「ない」를 붙입니다. 「ない」 뒤에 「です」를 붙이면 '～지 않습니다'라는 정중체가 됩니다. 「ないです」 대신에 「ありません」을 쓰면 조금 더 정중한 표현이 됩니다.

어간 ⓘ → ⓚ + ない → 어간 く ない (～지 않다)

어간 く ないです / 어간 く ありません (～지 않습니다)

단어 えい が
　　　 映画 영화 　おもしろい 재미있다 　すし 초밥 　おいしい 맛있다

私の 部屋は 広く ない。 내 방은 넓지 않다.

日本語は 難しく ないです。 일본어는 어렵지 않습니다.

* 「いい、よい」는 둘 다 '좋다'라는 뜻의 い형용사이지만, 부정형을 만들 때는 「よい」를 사용합니다.

　いい、よい ⇒ よく ない (よく ないです/よく ありません)

(4) **명사 수식 : 기본형 + 명사**

い형용사가 명사를 수식할 때는 기본형 뒤에 바로 명사를 씁니다.

おもしろい 映画 (おもしろく ない 映画) 재미있는 영화 (재미없는 영화)

いい 天気 (よく ない 天気) 좋은 날씨 (좋지 않은 날씨)

(5) **い형용사의 연결 ～くて : ~고/~서**

'~고', '~서'에 해당하는 일본어 표현은 「て」이며, い형용사의 'て형'은 어미 「い」를 「く」로 바꾸고 「て」를 붙입니다.

어간 ⓘ → ⓚ + て → 어간くて (~고, ~서)

この 料理は おいしくて 安いです。 이 요리는 맛있고 쌉니다.

今日は 暖かくて いいですね。 오늘은 따뜻해서 좋네요.

・단어　部屋 방　広い 넓다　難しい 어렵다　料理 요리　暖かい 따뜻하다

2 접속조사 〜が : 〜(ㄴ)데, 〜지만

접속조사 「〜が」는 앞뒤의 글을 연결하는 말로 순접, 역접에 두루 사용됩니다. 역접의 「〜が」는 「〜けど」와 비슷한 의미인데 회화체에서는 「〜けど」를 더 많이 씁니다.

この 料理は おいしいですが、高いです。

이 요리는 맛있지만, 비쌉니다.　[역접]

もしもし。韓国の キムですが、田中さん いらっしゃいますか。

여보세요. 한국의 김인데요, 타나카 씨 계십니까?　[순접]

日本語は 難しいですけど、おもしろいです。

일본어는 어렵지만, 재미있습니다.

3 명사は どうですか。 : 〜은/는 어떻습니까?

最近、仕事は どうですか。 최근, 일은 어떻습니까?

日本語の 勉強は どうですか。 일본어 공부는 어떻습니까?

· 단어 · 高い 비싸다, (산이) 높다, (키가) 크다　明るい 밝다　最近 최근　勉強 공부

1 질문에 〈보기〉와 같이 답해 보세요.

〈보기〉

A : この パソコンは 重(おも)いですか。

B₁: はい、重(おも)いです。

B₂: いいえ、重(おも)く ないです。

(1) A : この ジュースは 甘(あま)いですか。

B₁: _____。

B₂: _____。

(2) A : 今日(きょう)は 暖(あたた)かいですか。

B₁: _____。

B₂: _____。

(3) A : この 服(ふく)は かわいいですか。

B₁: _____。

B₂: _____。

〈단어〉 重(おも)い 무겁다   ジュース 주스   甘(あま)い 달다   服(ふく) 옷   かわいい 귀엽다, 예쁘다

2 그림을 보고 〈보기〉와 같이 답해 보세요.

〈보기〉

A: 駅は 近いですか。

B: いいえ、近く ないです。遠いです。

(1)

古い

A: 課長の ケータイは 新しいですか。

B: _____。

(2)

小さい

A: 鈴木さんの かばんは 大きいですか。

B: _____。

(3)

多い

A: 仕事は 少ないですか。

B: _____。

・단어・
近い 가깝다　遠い 멀다　課長 과장　古い 오래되다, 낡다　新しい 새롭다
大きい 크다　小さい 작다　少ない 적다　多い 많다

3 주어진 단어를 사용하여 〈보기〉와 같이 답해 보세요.

> ·보기·
>
> A:これは どんな 映画^{えいが}ですか。(おもしろい)
>
> B:<u>おもしろい 映画^{えいが}です。</u>

(1) A:あれは どんな 料理^{りょうり}ですか。(辛^{から}い)

B: _____ 。

(2) A:田中^{たなか}さんは どんな 人^{ひと}ですか。(かっこいい)

B: _____ 。

(3) A:富士山^{ふじさん}は どんな 山^{やま}ですか。(高^{たか}い)

B: _____ 。

·단어· どんな 어떤 料理^{りょうり} 요리 辛^{から}い 맵다 かっこいい 멋있다 富士山^{ふじさん} 후지산 山^{やま} 산

4 주어진 단어에 「～て」나 「～が」를 사용하여 〈보기〉와 같이 답해 보세요.

> ·보기·
>
> A: この パソコンは どうですか。(小^{ちい}さい・軽^{かる}い)
>
> B: 小^{ちい}さくて 軽^{かる}いです。
>
> A: この パソコンは どうですか。(小^{ちい}さい・重^{おも}い)
>
> B: 小^{ちい}さいですが、重^{おも}いです。

(1) A: 田中^{た なか}さんは どうですか。(かっこいい・やさしい)

    B: _____ て _____。

(2) A: あの 本^{ほん}は どうですか。(難^{むずか}しい・おもしろく ない)

    B: _____ て _____。

(3) A: この 部屋^{へ や}は どうですか。(狭^{せま}い・明^{あか}るい)

    B: _____ が、_____。

·단어· 軽^{かる}い 가볍다　やさしい 상냥하다, 쉽다　(명사)+が ～이/가

1 문제를 듣고 빈칸을 받아써 보세요. 🎧 19

(1) 彼は_____ です。

(2) この 料理は_____。

(3) _____。

(4) 冬は_____。

2 문제를 듣고 내용에 맞는 그림을 골라 보세요. 🎧 20

(1) _____ (2) _____ (3) _____ (4) _____

①

②

③

④

단어   辛い 맵다   甘い 달다   速い 빠르다

다음 우리말을 일본어로 써 보세요.

1 회사는 집에서 가깝습니까? (〜から : ~에서)

_____ 。

2 이 시계는 매우 비쌉니다. (とても : 매우)

_____ 。

3 오늘은 날씨가 좋지 않습니다. (〜が : 이/가)

_____ 。

4 일본어는 조금 어렵지만, 재미있습니다. (少し : 조금)

_____ 。

5 저기는 싸고 맛있는 가게입니다. (店 : 가게)

_____ 。

● い형용사

あつ 暑い	덥다	さむ 寒い	춥다
たか 高い	비싸다	やす 安い	싸다
おお 多い	많다	すく 少ない	적다
はや 早い	빠르다	おそ 遅い	늦다
いい / よい	좋다	わる 悪い	나쁘다
むずか 難しい	어렵다	やさ 易しい	쉽다
おお 大きい	크다	ちい 小さい	작다
なが 長い	길다	みじか 短い	짧다
とお 遠い	멀다	ちか 近い	가깝다
あたら 新しい	새롭다	ふる 古い	오래되다, 낡다
つよ 強い	강하다	よわ 弱い	약하다
おも 重い	무겁다	かる 軽い	가볍다
ひろ 広い	넓다	せま 狭い	좁다
うれ 嬉しい	기쁘다	かな 悲しい	슬프다
あか 明るい	밝다	くら 暗い	어둡다
かわいい	귀엽다	いそが 忙しい	바쁘다

5

一緒に　昼ごはんは どうですか。

いっしょ　ひる

같이 점심 식사는 어떻습니까?

≫ 이(시우) 씨와 다나카 씨가 점심 약속을 정합니다.

李　田中さん、今週の 土曜日、

一緒に 昼ごはんは どうですか。

田中　わあ、いいですよ。

李　好きな 料理は 何ですか。

田中　私は 韓国料理が 大好きですが、

李さんは どうですか。

李　私も いいです。

田中さん、辛い 料理も 大丈夫ですか。

田中　はい、大丈夫です。

李　では、新宿の メウンチプは どうですか。

田中　あ、有名で おいしい 店ですね。いいですよ。

해석

이(시우)	다나카 씨, 이번 주 토요일에 같이 점심 식사 어떻습니까?
다나카	와아, 좋아요.
이(시우)	좋아하는 요리는 무엇입니까?
다나카	저는 한국요리를 매우 좋아합니다만, 이(시우) 씨는 어떻습니까?
이(시우)	저도 좋습니다. 다나카 씨, 매운 요리도 괜찮습니까?
다나카	네, 괜찮습니다.
이(시우)	그럼, 신주쿠의 '매운 집'은 어떻습니까?
다나카	아, 유명하고 맛있는 가게예요. 좋아요.

새단어

こんしゅう □ 今週 이번 주	だいす □ 大好きだ 매우 좋아하다
どようび □ 土曜日 토요일	から □ 辛い 맵다
いっしょ □ 一緒に 함께	だいじょうぶ □ 大丈夫だ 괜찮다
ひる □ 昼ごはん 점심밥	しんじゅく □ 新宿 신주쿠 (지명)
りょうり □ 料理 요리	ゆうめい □ 有名だ 유명하다

1 な형용사

な형용사의 기본형은 「〜だ」로 끝납니다. 명사를 수식할 때 「〜な」의 형태로 수식하여 な형용사라고 합니다.

$$\underset{\text{어간}}{\underset{}{\text{有名}}}\ \underset{\text{어미}}{だ}\quad \text{유명하다}$$

(ゆうめい)

(1) **기본형 : 어간 + だ**

な형용사의 기본형은 어미가 「だ」로 끝나며, 어미 「だ」를 변화시켜 활용합니다.

この 店は 親切だ。 이 가게는 친절하다.
(みせ) (しんせつ)

パソコンは 便利だ。 컴퓨터는 편리하다.
(べんり)

ソウルは 有名だ。 서울은 유명하다.
(ゆうめい)

田中さんは まじめだ。 다나카 씨는 성실하다.
(たなか)

(2) **정중체 : 어간 だ̶ + です → 어간です**

な형용사의 정중체는 어미 「だ」를 지우고 「です」를 붙입니다.

この 店は 親切です。 이 가게는 친절합니다.
(みせ) (しんせつ)

パソコンは 便利です。 컴퓨터는 편리합니다.
(べんり)

ソウルは 有名です。 서울은 유명합니다.
(ゆうめい)

田中さんは まじめです。 다나카 씨는 성실합니다.
(たなか)

・단어・ 親切だ 친절하다   便利だ 편리하다   まじめだ 성실하다
(しんせつ)   (べんり)

⑶ 부정형

'~지 않다'라는 부정형은 어미 「だ」를 지우고 「では ない(=じゃ ない)」를 붙입니다. 여기에 「です」를 붙이면 '~지 않습니다'라는 정중체가 됩니다. 「ないです」 대신에 「ありません」을 쓰면 더 정중한 표현이 됩니다.

> 어간 だ̶ + では ない → 어간 では ない(=じゃ ない) ~지 않다
>
> → 어간 じゃ ないです / 어간 じゃ ありません ~지 않습니다

この 店は 親切じゃ ないです。 이 가게는 친절하지 않습니다.

ここは きれいじゃ ないです。 여기는 깨끗하지 않습니다.

日本語は 上手じゃ ないです。 일본어는 능숙하지 않습니다.

この 仕事は 簡単じゃ ありません。 이 일은 간단하지 않습니다.

⑷ 명사 수식 : 어간 (だ) → (な) + 명사

な형용사가 명사를 수식할 때는 어미 「だ」를 「な」로 바꾸고 뒤에 명사를 씁니다.

あそこは 有名な 店です。 저기는 유명한 가게입니다.

田中さんは 親切な 人です。 다나카 씨는 밝고 친절한 사람입니다.

ここは きれいな 部屋です。 여기는 깨끗한 방입니다.

これは 簡単な 仕事です。 이것은 간단한 일입니다.

단어 きれいだ 깨끗하다, 예쁘다   上手だ 능숙하다   簡単だ 간단하다   有名だ 유명하다

⑸ **な형용사의 연결 ～で : ～고/～서**

な형용사의 'て형'은 어미「だ」를 지우고「で」를 붙입니다.

> 어간 ~~だ~~ + で → 어간 で (～고/～서)

田中_{たなか}さんは 親切_{しんせつ}で いい 人_{ひと}です。 다나카 씨는 친절하고 좋은 사람입니다.

あそこは 有名_{ゆうめい}で きれいな 店_{みせ}です。 저기는 유명하고 깨끗한 가게입니다.

これは 簡単_{かんたん}で おもしろい 仕事_{しごと}です。 이것은 간단하고 재미있는 일입니다.

息子_{むすこ}は 元気_{げんき}で 明_{あか}るい 子_こどもです。 아들은 건강하고 밝은 아이입니다.

⑹ **～が 好_すきだ・嫌_{きら}いだ・上手_{じょうず}だ・下手_{へた}だ**

'～을/를 좋아하다・싫어하다・능숙하다・서툴다'라는 뜻입니다. '～을/를'에 해당하는 목적격 조사는「を」이지만, 좋고 싫음과 능력 등의 대상은「を」를 쓰지 않고「が」를 씁니다.

私_{わたし}は スポーツが 好_すきです。 나는 스포츠를 좋아합니다.

彼_{かれ}は 歌_{うた}が 嫌_{きら}いです。 그는 노래를 싫어합니다.

彼女_{かのじょ}は 日本語_{にほんご}が 上手_{じょうず}です。 그녀는 일본어를 잘합니다. (능숙합니다.)

私_{わたし}は 料理_{りょうり}が 下手_{へた}です。 저는 요리를 못합니다. (서투릅니다.)

단어 息子_{むすこ} 아들 元気_{げんき}だ 건강하다 明_{あか}るい 밝다 子_こども 아이 スポーツ 스포츠
好_すきだ 좋아하다 嫌_{きら}いだ 싫어하다 歌_{うた} 노래 料理_{りょうり} 요리 下手_{へた}だ 서툴다, 못하다

2 원인·이유 ～から : ～이니까/～이기 때문에

「から」는 우리말 '～이니까', '～이기 때문에'에 해당하며, '명사, 형용사, 동사'에 접속해 '원인·이유'를 나타냅니다. 보통체와 정중체에 모두 사용합니다.

この 刺身は 新鮮だから おいしいです。

이 회는 신선하기 때문에 맛있습니다.

スポーツは 下手だから 楽しく ないです。

스포츠는 못하기 때문에 즐겁지 않습니다.

おいしいですから、どうぞ。

맛있으니까 드세요.

ここは 安いから、人が 多いです。

여기는 싸기 때문에 사람이 많습니다.

韓国の ドラマは おもしろいから、好きです。

한국 드라마는 재미있어서 좋아합니다.

·단어 刺身 회   新鮮だ 신선하다   楽しい 즐겁다   ドラマ 드라마

1 질문에 〈보기〉와 같이 답해 보세요.

·보기·

A : キムさんは 元気ですか。

B₁: はい、元気です。

B₂: いいえ、元気じゃ ないです。

(1) A : 田中さんの 部屋は きれいですか。

B₁: _____。

B₂: _____。

(2) A : その 店は 親切ですか。

B₁: _____。

B₂: _____。

(3) A : 今日は 暇ですか。

B₁: _____。

B₂: _____。

(4) A : キムさんは まじめですか。

B₁: _____。

B₂: _____。

·단어· 元気だ 건강하다　部屋 방　きれいだ 깨끗하다　親切だ 친절하다　暇だ 한가하다

まじめだ 성실하다

2 주어진 단어를 사용하여 〈보기〉와 같이 답해 보세요.

·보기·

A: キムさんの 部屋は きれいですか。(汚い)

B: いいえ、あまり きれいじゃ ないです。汚いです。

(1) A: 新しい 仕事は 大変ですか。(楽しい)

B: _____。

(2) A: 中国語は 簡単ですか。(難しい)

B: _____。

(3) A: 掃除が 好きですか。(嫌い)

B: _____。

(4) A: 今週は 暇ですか。(忙しい)

B: _____。

·단어· 汚い 더럽다 　あまり + (부정) 그다지, 별로 　大変だ 힘들다 　掃除 청소 　今週 이번 주

3 주어진 단어를 사용하여 〈보기〉와 같이 답해 보세요.

·보기·

A: キムさんは どんな 人ですか。(親切だ)

B: 親切な 人です。

(1) A: ここは どんな 店ですか。(有名だ)

B: _____ 。

(2) A: 社長の 車は どんな 車ですか。(すてきだ)

B: _____ 。

(3) A: あそこは どんな 公園ですか。(静かだ)

B: _____ 。

(4) A: キムさんの むすこは どんな 子どもですか。(元気だ)

B: _____ 。

·단어· どんな 어떤   すてきだ 멋지다   静かだ 조용하다   公園 공원   むすこ 아들
子ども 아이   元気だ 건강하다. 씩씩하다

4 주어진 단어에 「〜で」나 「〜が」를 사용하여 〈보기〉와 같이 답해 보세요.

> **·보기·**
>
> A: この パソコンは どうですか。（便利だ · デザインが いい）
> B: 便利で デザインが いいです。
>
> A: この パソコンは どうですか。（便利だ · 古い）
> B: 便利ですが、古いです。

(1) A: この 時計は どうですか。（すてきだ · 高い）

B: _____ が、_____ 。

(2) A: ソウルの 地下鉄は どうですか。（便利だ · 速い）

B: _____ で _____ 。

(3) A: あの レストランは どうですか。（おしゃれだ · 高い）

B: _____ が、_____ 。

(4) A: ハンガン公園は どうですか。（静かだ · 広い）

B: _____ で _____ 。

·단어· 便利だ 편리하다　地下鉄 지하철　速い 빠르다　おしゃれだ 멋지다　静かだ 조용하다
広い 넓다

![말하기 연습]

5 주어진 단어를 사용하여 〈보기〉와 같이 말해 보세요.

・보기・

① お刺身　　② 好きだ　　③ 新鮮だ・おいしい

A: ① お刺身が　② 好きですか。

B: はい、② 好きです。

A: どうしてですか。

B: ③ 新鮮で　おいしいからです。

(1) ① お酒　　　　　② 嫌いだ　　　　③ 苦い・おいしく　ない

(2) ① スポーツ　　　② 嫌いだ　　　　③ 下手だ・おもしろく　ない

(3) ① イさん　　　　② 好きだ　　　　③ 背が高い・ハンサムだ

(4) ① 果物　　　　　② 好きだ　　　　③ 体に　いい・おいしい

・단어・ お刺身 회　どうして 왜　新鮮だ 신선하다　お酒 술　嫌いだ 싫어하다　苦い 쓰다
背が 高い 키가 크다　ハンサムだ 잘생기다, 핸섬하다　体に いい 몸에 좋다

듣기 연습

1 문제를 듣고 빈칸을 받아써 보세요. 🎧22

(1) キムさんは ＿＿＿＿＿＿＿＿ 親切です。
_{しんせつ}

(2) ここは ＿＿＿＿＿＿＿＿ いいです。

(3) この 部屋は ＿＿＿＿＿＿＿＿ 明るいです。
_{へ や} _{あか}

(4) 地下鉄は ＿＿＿＿＿＿＿＿＿＿＿＿＿＿。
_{ち か てつ}

2 문제를 듣고 내용에 맞는 그림을 골라 보세요. 🎧23

(1) ①

②

(2) ①

②

(3) ①

②

(4) ①

キム
②
イ

• 단어 いつ 언제 冬 겨울 夏 여름 地下鉄 지하철 バス 버스 速い 빠르다 どちら 어느 쪽
_{ふゆ} _{なつ} _{ち か てつ} _{はや}
漢字 한자 ~より ~보다
_{かん じ}

다음 우리말을 일본어로 써 보세요.

1 일본어 선생님은 예쁘고 친절합니다.

_____。

2 그는 매우 성실합니다.

_____。

3 그녀는 영어를 매우 잘합니다.

_____。

4 단 것은 별로 좋아하지 않습니다만, 케이크는 좋아합니다. (甘いもの : 단 것)

_____。

5 이 컴퓨터는 작고 편리하지만, 빠르지 않습니다.

_____。

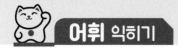

● な형용사

す 好きだ	좋아하다	きら 嫌いだ	싫어하다
べんり 便利だ	편리하다	ふ べん 不便だ	불편하다
じょう ず 上手だ	능숙하다	へ た 下手だ	서툴다
たいへん 大変だ	힘들다	らく 楽だ	편하다
は で 派手だ	화려하다	じ み 地味だ	수수하다
しず 静かだ	조용하다	にぎ 賑やかだ	번화하다
しんせつ 親切だ	친절하다	かんたん 簡単だ	간단하다
ゆうめい 有名だ	유명하다	きれいだ	예쁘다, 깨끗하다
ひま 暇だ	한가하다	じょうぶ 丈夫だ	튼튼하다
ま じ め 真面目だ	성실하다	げん き 元気だ	건강하다, 씩씩하다
ハンサムだ	잘생기다	りっぱ 立派だ	훌륭하다
しんせん 新鮮だ	신선하다	すてきだ	멋지다
いやだ	싫다	わがままだ	제멋대로다

6

いくらですか。

얼마입니까?

≫ 이(시우) 씨가 옷집에서 선물할 원피스를 고릅니다.

店員(てんいん) いらっしゃいませ。

李(イ) すみませんが、あの ワンピースは いくらですか。

店員(てんいん) 6,800円(ろくせんはっぴゃくえん)です。

李(イ) ちょっと 高(たか)いですね。

店員(てんいん) じゃ、この ワンピースは どうですか。

李(イ) 色(いろ)も きれいで かわいいですね。

それは いくらですか。

店員(てんいん) 4,500円(よんせんごひゃくえん)です。この頃(ごろ) 人気(にんき)の ワンピースです。

李(イ) そうですか。じゃ、それを ください。

そして この 赤(あか)い スカーフも ください。

店員(てんいん) ありがとうございます。全部(ぜんぶ)で 6,000円(ろくせんえん)です。

점원	어서 오세요.
이(시우)	저기, 저 원피스는 얼마입니까?
점원	6,800엔입니다.
이(시우)	조금 비싸네요.
점원	그럼, 이 원피스는 어떠십니까?
이(시우)	색도 예쁘고 귀엽네요. 그건 얼마입니까?
점원	4,500엔입니다. 요즘 인기 있는 원피스입니다.
이(시우)	그렇습니까? 그럼, 그거 주세요. 그리고 이 빨간 스카프도 주세요.
점원	고맙습니다. 전부 해서 6,000엔입니다.

새단어

てんいん □ 店員 점원	にんき □ 人気 인기
□ いらっしゃいませ 어서 오세요	□ スカーフ 스카프
□ ワンピース 원피스	□ そして 그리고
□ いくら 얼마	ぜんぶ □ 全部で 전부 해서
□ ちょっと 좀, 조금	(＊ 앞의 것을 전부 합칠 때는 ~で를 사용합니다.)

1 숫자 100~100,000

백 단위의 300, 600, 800과 천 단위의 3000, 8000은 주의해서 발음합니다. 만은 '만(まん)'이라 하지 않고 '일만(いちまん)'이라고 합니다.

100	200	300	400	500	600	700
百 ひゃく	二百 にひゃく	三百 さんびゃく	四百 よんひゃく	五百 ごひゃく	六百 ろっぴゃく	七百 ななひゃく
800	**900**	**1,000**	**2,000**	**3,000**	**4,000**	**5,000**
八百 はっぴゃく	九百 きゅうひゃく	千 せん	二千 にせん	三千 さんぜん	四千 よんせん	五千 ごせん
6,000	**7,000**	**8,000**	**9,000**	**10,000**	**20,000**	**30,000**
六千 ろくせん	七千 ななせん	八千 はっせん	九千 きゅうせん	一万 いちまん	二万 にまん	三万 さんまん
40,000	**50,000**	**60,000**	**70,000**	**80,000**	**90,000**	**100,000**
四万 よんまん	五万 ごまん	六万 ろくまん	七万 ななまん	八万 はちまん	九万 きゅうまん	十万 じゅうまん

10,345 : いちまん さんびゃく よんじゅう ご

3,678 : さんぜん ろっぴゃく ななじゅう はち

8,994 : はっせん きゅうひゃく きゅうじゅう よん

2 いくらですか。 : 얼마입니까?

「いくら」는 우리말 '얼마'에 해당하며, 금액을 물어볼 때 쓰는 의문사입니다. 일본의 화폐 단위는 「円」이며, 4, 7, 9 円은 주의해서 기억합니다.

1円	2円	3円	4円	5円
いちえん	にえん	さんえん	よえん	ごえん
6円	7円	8円	9円	10円
ろくえん	ななえん	はちえん	きゅうえん	じゅうえん

A: コーヒーは いくらですか。 커피는 얼마입니까?

B: 378(さんびゃく ななじゅう はち)円です。 378엔입니다.

A: ピザは いくらですか。 피자는 얼마입니까?

B: 1,294(せん にひゃく きゅうじゅう よ)円です。 1,294엔입니다.

A: この めがねは いくらですか。 이 안경은 얼마입니까?

B: 19,800(いちまん きゅうせん はっぴゃく)円です。 19,800엔입니다.

3 조수사

	～本 (병,자루) ほん	～枚 (장) まい	～人 (명)	～階 (층) かい	～冊 (권) さつ
1	いっぽん	いちまい	ひとり	いっかい	いっさつ
2	にほん	にまい	ふたり	にかい	にさつ
3	さんぼん	さんまい	さんにん	さんがい	さんさつ
4	よんほん	よんまい	よにん	よんかい	よんさつ
5	ごほん	ごまい	ごにん	ごかい	ごさつ
6	ろっぽん	ろくまい	ろくにん	ろっかい	ろくさつ
7	ななほん	ななまい	ななにん しちにん	ななかい	ななさつ
8	はっぽん	はちまい	はちにん	はっかい はちかい	はっさつ
9	きゅうほん	きゅうまい	きゅうにん	きゅうかい	きゅうさつ
10	じゅっぽん	じゅうまい	じゅうにん	じゅっかい	じゅっさつ
	なんぼん 何本 (몇 병/자루)	なんまい 何枚 (몇 장)	なんにん 何人 (몇 명)	なんがい なんかい 何階/何階 (몇 층)	なんさつ 何冊 (몇 권)

4 いくつですか。 : 몇 개입니까?

「いくつ」는 우리말의 '몇', '몇 개' 등에 해당하는 의문사입니다. 개수를 말할 때, '하나'에서 '열'까지는 보통 아래와 같은 고유 숫자를 쓰고, 그 이상은 '한자어 + 個'의 형태로 씁니다. 「個」는 '개'를 뜻하는 조수사입니다.

1	2	3	4	5
ひとつ	ふたつ	みっつ	よっつ	いつつ
6	7	8	9	10
むっつ	ななつ	やっつ	ここのつ	とお

* 일본어 수사에는 순수한 일본어(和語_{わご}) 계통과 한자어(漢語_{かんご}) 계통, 두 가지가 있습니다.
　ひとつ、ふたつ …는 和語_{わご} 계통이고, いち、に …는 漢語_{かんご} 계통입니다.

ジュースは いくつですか。 주스는 몇 잔(몇 개)입니까?

コーヒー ふたつと 水_{みず} ひとつですか。 커피 둘이랑 물 하나입니까?

机_{つくえ}が よっつ、いすが むっつです。 책상이 4개, 의자가 6개입니다.

全部_{ぜんぶ}で ここのつです。 전부 9개입니다.

5 ～（を）ください。 : ～(을/를) 주세요.

この ケータイを ください。 이 핸드폰 주세요.

この 赤_{あか}い かばんを ください。 이 빨간 가방 주세요.

コーヒー 2つ_{ふた}と ケーキ 1つ_{ひと} ください。 커피 2개와 케이크 하나 주세요.

ビール 2本_{にほん} ください。 맥주 2병 주세요.

• 단어 • 水_{みず} 물　赤_{あか}い 빨갛다　ケーキ 케이크　ビール 맥주

말하기 연습

1 다음 그림을 보고 〈보기〉와 같이 말해 보세요.

2,350円   1,860円   980円   760円   1,490円

·보기·

A: ピザは いくらですか。

B: にせん さんびゃく ごじゅう えんです。

(1) A: スパゲッティは いくらですか。

B: _____。

(2) A: サラダは いくらですか。

B: _____。

(3) A: そばは いくらですか。

B: _____。

(4) A: モーニング セットは いくらですか。

B: _____。

·단어· ピザ 피자   スパゲッティ 스파게티   そば 메밀국수   サラダ 샐러드

モーニング セット 모닝세트

2 그림을 보고 〈보기〉와 같이 답해 보세요.

보기

ほん　さんさつ
本：3冊

(1)

ペン：

_____

(2)

Tシャツ：

_____

(3)

コーラ：

_____

(4)

き
木：

_____

(5)

ひと
人：

_____

(6)

レポート：

_____

단어 ペン 펜　　Tシャツ T셔츠　　コーラ 콜라　　き
木 나무　　レポート 리포트

3 주어진 정보를 이용하여 〈보기〉와 같이 밑줄 친 부분을 바꾸어 말해 보세요.

· 보기 ·

店員：いらっしゃいませ。何名様ですか。
お客：<u>3人</u>です。

　　　　あの、すみません。<u>スパゲッティ</u>は いくらですか。
店員：<u>550円</u>です。
お客：<u>コーヒー</u>は いくらですか。
店員：<u>２６５円</u>です。
お客：<u>スパゲッティ</u> ひとつと <u>コーヒー</u> ふたつ お願いします。
店員：全部で <u>1,080円</u>です。

(1) 2人、ドーナツ(130円)×２、アイスティー(150円)×2

(2) 3人、ラーメン(670円)×3、ビール(280円)× 2

(3) 1人、ハンバーガー(380円)×1、コーラ(170円)×1

(4) 2人、ショートケーキ(450円)×1、オレンジジュース(290円)×2

· 단어 · 何名様 몇 분 (※様를 붙일 때는 ~名를 사용한다)　ドーナツ 도넛　アイスティー 아이스티

ハンバーガー 햄버거　ショート ケーキ 조각 케이크　オレンジ 오렌지　ジュース 주스

1　문제를 듣고 빈칸을 받아써 보세요.　🎧25

(1)　ケーキ ＿＿＿＿＿ と コーヒー ひとつ ＿＿＿＿＿＿＿。

(2)　＿＿＿＿＿＿＿＿＿＿＿＿＿＿＿＿＿＿＿＿＿。

(3)　＿＿＿＿＿＿＿＿＿＿＿＿＿＿円(えん)です。

(4)　りんご ＿＿＿＿＿＿ と みかん ＿＿＿＿＿ ですから、
　　　全部(ぜんぶ)で ＿＿＿＿＿＿＿＿＿＿＿ です。

2　문제를 듣고 각 음식의 개수를 히라가나로 써 보세요.　🎧26

(1)　りんご　　　＋　みかん　　＝　＿＿＿＿＿＿＿＿
　　　(　　　　　)　　　(　　　　　　　)

(2)　ケーキ　　　＋　コーヒー　＝　＿＿＿＿＿＿＿＿
　　　(　　　　　)　　　(　　　　　　　)

(3)　スパゲッティ　＋　ジュース　＝　＿＿＿＿＿＿＿＿
　　　(　　　　　)　　　(　　　　　　　)

(4)　おにぎり　　＋　水(みず)　　＝　＿＿＿＿＿＿＿＿
　　　(　　　　　)　　　(　　　　　　　)

(5)　ハンバーガー　＋　コーラ　　＝　＿＿＿＿＿＿＿＿
　　　(　　　　　)　　　(　　　　　　　)

(6)　バナナ　　　＋　トマト　　＝　＿＿＿＿＿＿＿＿
　　　(　　　　　)　　　(　　　　　　　)

・단어・ りんご 사과　みかん 귤　おにぎり 삼각김밥　バナナ 바나나　トマト 토마토

다음 우리말을 일본어로 써 보세요.

1 이 빨간 우산은 얼마입니까?

_____ 。

2 전부 해서 13,800엔입니다.

_____ 。

3 이 작은 가방은 6,600엔입니다.

_____ 。

4 케이크와 커피 하나씩 주세요. (〜ずつ : 씩)

_____ 。

5 이것 11개 주세요.

_____ 。

● 여러 가지 메뉴

わしょくていしょく
和食定食
일본 식사 정식

やざかなていしょく
焼き魚定食
생선구이 정식

さしみもあ
刺身盛り合わせ
모듬회

や
焼きそば
야키소바

しゃぶしゃぶ
샤브샤브

や
すき焼き
스키야키

なべ
鍋
나베

すし
초밥

おやこどん
親子丼
닭고기 덮밥

ぎゅうどん
牛丼
소고기 덮밥

ステーキ
스테이크

やきにく
焼肉
구워 먹는 고기(불고기, 갈비 등)

● 여러 가지 메뉴

とんかつ
돈가스

お好み焼き
오코노미야키

焼き鳥
닭꼬치구이

ラーメン
라면

カレーライス
카레라이스

餃子
교자

みそ汁
된장국

鳥の から揚げ
닭튀김

MEMO

7

デートは どうでしたか。

데이트는 어땠습니까?

≫ 다나카 씨가 어제 한 데이트에 대해 이야기합니다.

李　田中さん、昨日 彼氏と デートでしたね。

　　どうでしたか。

田中　久しぶりでしたから とても 楽しかったです。

　　でも、人が 多くて 大変でした。

李　週末でしたから 人が 多かったですか。

田中　はい。それに 祭りで とても にぎやかでした。

李　そうですか。おいしい ものも 多かったですか。

田中　はい、多かったです。

　　ところで、李さん、もうすぐ テストですね。

李　はい、はじめての テストですから 心配です。

田中　それも そうですね。テストは いつからですか。

李　5月20日から 25日までです。

田中　頑張ってください。

해석

이(시우) 다나카 씨, 어제 남자친구랑 데이트였죠. 어땠습니까?

다나카   오랜만이었기 때문에 무척 즐거웠습니다. 하지만, 사람이 많아서 힘들었습니다.

이(시우) 주말이어서 사람이 많았습니까?

다나카   네. 게다가 축제여서 너무 번화했습니다.

이(시우) 그렇습니까? 맛있는 것도 많았습니까?

다나카   네, 많았습니다. 그런데, 이(시우) 씨, 이제 곧 시험이네요.

이(시우) 네, 첫 시험이라 걱정입니다.

다나카   그것도 그렇겠네요. 시험은 언제부터입니까?

이(시우) 5월 20일부터 25일까지입니다.

다나카   힘내세요.

새단어

きのう □ 昨日 어제	まつ □ 祭り 축제
□ デート 데이트	□ にぎやかだ 번화하다, 북적거리다
ひさ □ 久しぶり 오랜만 (＊ ~ぶり: ~만)	□ もうすぐ 이제 곧
□ ところで 그런데 (화제 전환의 접속사)	□ はじめて 처음
しゅうまつ □ 週末 주말	しんぱい □ 心配だ 걱정이다
□ それに 게다가	がんば □ 頑張ってください 열심히 하세요, 힘내세요

1 い형용사의 과거형과 과거 부정형

(1) **い형용사의 과거형**

い형용사의 과거형은 어미「い」를 떼고「かった」를 붙입니다.

> おいし~~い~~ + かった → おいしかった(です) 맛있었다(맛있었습니다)
>
> おもしろ~~い~~ + かった → おもしろかった(です) 재미있었다(재미있었습니다)
>
> * よ~~い~~ + かった → よかった(です) 좋았다(좋았습니다)

* おいしいでした라고 쓰지 않습니다.

(2) **い형용사의 과거 부정형**

어미「い」를「く」로 바꾸고「ない」를 붙인 부정형에서, 마찬가지로「い」를 떼고「かった」를 붙입니다.

> おいしく な~~い~~ + かった → おいしく なかった(です) 맛없었다(맛없었습니다)
>
> おもしろく な~~い~~ + かった → おもしろく なかった(です)
> 재미없었다(재미없었습니다)
>
> * よく な~~い~~ + かった → よく なかった(です) 좋지 않았다(좋지 않았습니다)
>
> (よく ありませんでした)

* おいしく ないでした라고 쓰지 않습니다.

先週は とても 暑かったです。 지난주는 매우 더웠습니다.

先月は 忙しく なかったです。 지난 달은 바쁘지 않습니다.

(先月は 忙しく ありませんでした。)

❷ な형용사의 과거형과 과거 부정형

(1) な형용사의 과거형

な형용사의 과거형은 어미 「だ」를 떼고 「だった」를 붙입니다.

> * 有名だ + だった → 有名だった(有名でした) 유명했다(유명했습니다)
>
> 親切だ + だった → 親切だった(親切でした) 친절했다(친절했습니다)

* ゆうめいだったです보다는 有名でした를 더 많이 사용합니다.

(2) な형용사의 과거 부정형

어간에 「では(=じゃ)ない」를 붙인 부정형에서, 「い」를 떼고 「かった」를 붙입니다.

> 有名では ない + かった
>
> → 有名では なかった(です) 유명하지 않았다(유명하지 않았습니다)
>
> 親切じゃ ない + かった
>
> → 親切じゃ なかった(です) 친절하지 않았다(친절하지 않았습니다)
>
> (親切では ありませんでした)

田中さんは 元気でした。 다나카 씨는 건강했습니다.

学校は 静かじゃ なかったです。 학교는 조용하지 않았습니다.

(学校は 静かじゃ ありませんでした。)

3 명사의 과거형과 과거 부정형

(1) 명사의 과거형

명사의 과거형은 '명사 + ～이다'의 형태에서, '～이다'에 해당하는 「だ」를 활용하여
만듭니다. な형용사와 같이 「だ」를 지우고 「だった」를 붙입니다.

> 雪<ruby>雪<rt>ゆき</rt></ruby>だ + だった → <ruby>雪<rt>ゆき</rt></ruby>だった(<ruby>雪<rt>ゆき</rt></ruby>でした) 눈이었다(눈이었습니다)
>
> <ruby>今日<rt>きょう</rt></ruby>だ + だった → <ruby>今日<rt>きょう</rt></ruby>だった(<ruby>今日<rt>きょう</rt></ruby>でした) 오늘이었다(오늘이었습니다)

＊ 今日だったです보다는 今日でした를 더 많이 사용합니다.

(2) 명사의 과거 부정형

명사에 「では(＝じゃ)ない」를 붙인 부정형에서, い형용사와 마찬가지로 「い」를 떼고
「かった」를 붙입니다.

> <ruby>雪<rt>ゆき</rt></ruby>では ない + かった → <ruby>雪<rt>ゆき</rt></ruby>では なかった(です) 눈이 아니었다(눈이 아니었습니다)
>
> <ruby>今日<rt>きょう</rt></ruby>じゃ ない + かった → <ruby>今日<rt>きょう</rt></ruby>じゃ なかった(です) 오늘이 아니었다(오늘이 아니었습니다)
>
> (<ruby>今日<rt>きょう</rt></ruby>では ありませんでした)

<ruby>昨日<rt>きのう</rt></ruby>は <ruby>雨<rt>あめ</rt></ruby>でした。 어제는 비였습니다.

デパートは <ruby>休<rt>やす</rt></ruby>みじゃ なかったです。 백화점은 휴일이 아니었습니다.

(デパートは <ruby>休<rt>やす</rt></ruby>みじゃ ありませんでした。)

・단어・ <ruby>雪<rt>ゆき</rt></ruby> 눈 <ruby>雨<rt>あめ</rt></ruby> 비 デパート 백화점 <ruby>休<rt>やす</rt></ruby>み 휴일, 휴가

4 날짜 말하기

(1) 년

일본어의 연도는 우리나라처럼 숫자를 그대로 읽고 「<ruby>年<rt>ねん</rt></ruby>」을 붙입니다. 4, 7, 9년의 발음에 주의합니다.

1年	2年	3年	4年	5年
いちねん	にねん	さんねん	よねん	ごねん
6年	7年	8年	9年	10年
ろくねん	しちねん	はちねん	きゅうねん	じゅうねん

<ruby>何年<rt>なんねん</rt></ruby> <ruby>生<rt>う</rt></ruby>まれですか。 몇 년생입니까?

1980(せん　きゅうひゃく　はちじゅう)<ruby>年<rt>ねん</rt></ruby>です。 1980년입니다.

(2) 월

4, 7, 9월의 발음에 주의합니다.

1月	2月	3月	4月	5月	6月
いちがつ	にがつ	さんがつ	しがつ	ごがつ	ろくがつ
7月	8月	9月	10月	11月	12月
しちがつ	はちがつ	くがつ	じゅうがつ	じゅういちがつ	じゅうにがつ

<ruby>夏休<rt>なつやす</rt></ruby>みは <ruby>何月<rt>なんがつ</rt></ruby>からですか。 여름 휴가는 몇 월부터입니까?

<ruby>田中<rt>たなか</rt></ruby>さんの <ruby>誕生日<rt>たんじょうび</rt></ruby>は <ruby>4月<rt>しがつ</rt></ruby>です。 다나카 씨의 생일은 4월입니다.

<ruby>8月<rt>はちがつ</rt></ruby>が <ruby>一番<rt>いちばん</rt></ruby> <ruby>暑<rt>あつ</rt></ruby>いです。 8월이 가장 덥습니다.

·단어 <ruby>何年<rt>なんねん</rt></ruby><ruby>生<rt>う</rt></ruby>まれ 몇 년생　<ruby>夏休<rt>なつやす</rt></ruby>み 여름 방학, 여름 휴가　<ruby>誕生日<rt>たんじょうび</rt></ruby> 생일　<ruby>一番<rt>いちばん</rt></ruby> 가장　<ruby>暑<rt>あつ</rt></ruby>い 덥다

(3) 일·요일

「何日」는 날짜를 묻는 표현으로, 날짜를 말할 때는 숫자에 일(日)을 붙입니다. 1~10, 14, (17, 19), 20, 24, (27, 29)일은 기본 읽기와 다르므로 주의해서 기억합니다. 「何曜日」는 요일을 묻는 표현이며, '월~일＋요일(曜日)'로 말합니다.

日曜日 にちようび	月曜日 げつようび	火曜日 かようび	水曜日 すいようび	木曜日 もくようび	金曜日 きんようび	土曜日 どようび
	1일 ついたち	2일 ふつか	3일 みっか	4일 よっか	5일 いつか	6일 むいか
7일 なのか	8일 ようか	9일 ここのか	10일 とおか	11일 じゅう いちにち	12일 じゅう ににち	13일 じゅう さんにち
14일 じゅう よっか	15일 じゅう ごにち	16일 じゅう ろくにち	17일 じゅう しちにち	18일 じゅう はちにち	19일 じゅう くにち	20일 はつか
21일 にじゅう いちにち	22일 にじゅう ににち	23일 にじゅう さんにち	24일 にじゅう よっか	25일 にじゅう ごにち	26일 にじゅう ろくにち	27일 にじゅう しちにち
28일 にじゅう はちにち	29일 にじゅう くにち	30일 さんじゅう にち	31일 さんじゅう いちにち			

今日は 何月 何日ですか。 오늘은 몇 월 며칠입니까?

子どもの 日は 5月 5日です。 어린이날은 5월 5일입니다.

クリスマスは 12月 25日です。 크리스마스는 12월 25일입니다.

・단어・ 今日 오늘　子どもの 日 어린이날　クリスマス 크리스마스

5 명사は いつですか。 : ~은/는 언제입니까?

「いつ」는 날짜나 시간을 묻는, 우리말 '언제'에 해당하는 의문사입니다.

お誕生日は いつですか。 생일은 언제입니까?

テストは いつでしたか。 시험은 언제였습니까?

出張は いつまでですか。 출장은 언제까지입니까?

● 시간을 나타내는 말

おととい 그저께	昨日 어제	今日 오늘	明日 내일	あさって 모레
先々週 지지난 주	先週 지난주	今週 이번 주	来週 다음 주	再来週 다다음 주
先々月* 지지난 달	先月 지난 달	今月 이번 달	来月 다음 달	再来月 다다음 달
おととし 재작년	去年 작년	今年 올해	来年 내년	再来年 내후년

＊ 동일 한자가 반복될 때 々를 사용합니다.

先週から 昨日まで 忙しかったです。 지난주부터 어제까지 바빴습니다.

明日 3時から 会議です。 내일 3시부터 회의입니다.

来週は 暇です。 다음 주는 한가합니다.

・단어・ 忙しい 바쁘다 会議 회의 出張 출장

1 질문에 〈보기〉와 같이 답해 보세요.

・보기・

A : この 傘は 高かったですか。
かさ　たか

B₁: はい、高かったです。
たか

B₂: いいえ、高く なかったです。
たか

(1) A : 日本は 暑かったですか。
にほん　あつ

B₁: ＿＿＿＿＿＿＿＿＿＿＿＿＿＿＿＿＿＿＿＿＿＿＿＿＿＿＿＿＿。

B₂: ＿＿＿＿＿＿＿＿＿＿＿＿＿＿＿＿＿＿＿＿＿＿＿＿＿＿＿＿＿。

(2) A : 週末は 楽しかったですか。
しゅうまつ　たの

B₁: ＿＿＿＿＿＿＿＿＿＿＿＿＿＿＿＿＿＿＿＿＿＿＿＿＿＿＿＿＿。

B₂: ＿＿＿＿＿＿＿＿＿＿＿＿＿＿＿＿＿＿＿＿＿＿＿＿＿＿＿＿＿。

(3) A : アイスクリームは 甘かったですか。
あま

B₁: ＿＿＿＿＿＿＿＿＿＿＿＿＿＿＿＿＿＿＿＿＿＿＿＿＿＿＿＿＿。

B₂: ＿＿＿＿＿＿＿＿＿＿＿＿＿＿＿＿＿＿＿＿＿＿＿＿＿＿＿＿＿。

(4) A : 先週は 仕事が 多かったですか。
せんしゅう　しごと　おお

B₁: ＿＿＿＿＿＿＿＿＿＿＿＿＿＿＿＿＿＿＿＿＿＿＿＿＿＿＿＿＿。

B₂: ＿＿＿＿＿＿＿＿＿＿＿＿＿＿＿＿＿＿＿＿＿＿＿＿＿＿＿＿＿。

・단어・ 傘 우산　アイスクリーム 아이스크림　甘い 달다　先週 지난주
かさ　　　　　　　　　　　　　あま　　　せんしゅう

2 주어진 단어를 사용하여 〈보기〉와 같이 답해 보세요.

〈보기〉

A: 駅は きれいでしたか。(汚い)

B: いいえ、きれいじゃ ありませんでした。汚かったです。

(1) A: この パソコンは 便利でしたか。(不便だ)

B: _____。

(2) A: テストは 簡単でしたか。(難しい)

B: _____。

(3) A: キムさんは 親切でしたか。(不親切だ)

B: _____。

(4) A: 料理は 好きでしたか。(嫌いだ)

B: _____。

〈단어〉 料理 요리

말하기 연습

3 그림을 보고 〈보기〉와 같이 답해 보세요.

> **보기**
>
> A: そこは どんな 会社でしたか。
> B: 立派な 会社でした。
>
> りっぱ
> 立派だ

(1)

まじめ
真面目だ

A: イさんは どんな 人でしたか。

B: _____。

(2)

こわ
怖い

A: あれは どんな 映画でしたか。

B: _____。

(3)

じょうぶ
丈夫だ

A: それは どんな 車でしたか。

B: _____。

(4)

すてきだ

A: フランスは どんな 国でしたか。

B: _____。

• 단어 • りっぱ　こわ　じょうぶ　くに
立派だ 훌륭하다　怖い 무섭다　丈夫だ 튼튼하다　国 나라

4 주어진 날짜를 사용하여 질문에 답해 보세요.

> ·보기·
>
> A: 今日は 何月 何日ですか。(4月 10日)
> B: 4月 10日です。

(1) A: お誕生日は いつですか。(7月 24日)

B: _____。

(2) A: 子どもの 日は いつですか。(5月 5日)

B: _____。

(3) A: テストは 何日から 何日までですか。(4月 29日 ～ 5月 4日)

B: _____。

(4) A: 去年の 夏休みは いつでしたか。(8月 10日 ～ 8月 17日)

B: _____。

5 주어진 단어에 「～て」「～が」를 사용하여 〈보기〉와 같이 답해 보세요.

·보기·

A:旅行は どうでしたか。(楽しい・いい)

B: 楽しくて よかったです。

A:旅行は どうでしたか。(楽しい・大変だ)

B: 楽しかったですが、大変でした。

(1) A: 田中さんは 10年前 どうでしたか。(マナーが いい・ハンサムだ)

　　B: ＿＿＿＿＿＿て＿＿＿＿＿＿＿＿＿＿＿＿。

(2) A: 夏休みは どうでしたか。(大変だ・楽しい)

　　B: ＿＿＿＿＿＿が、＿＿＿＿＿＿＿＿＿＿＿。

(3) A: 出張は どうでしたか。(忙しい・成果が いい)

　　B: ＿＿＿＿＿＿が、＿＿＿＿＿＿＿＿＿＿＿。

(4) A: テストは どうでしたか。(漢字が 多い・難しい)

　　B: ＿＿＿＿＿＿て＿＿＿＿＿＿＿＿＿＿＿＿。

·단어· 旅行 여행　マナーが いい 매너가 좋다　出張 출장　成果 성과

1 문제를 듣고 빈칸을 받아써 보세요. 🎧 28

(1) 先週は とても _____。
　　せんしゅう

(2) あの 町は _____。(町: 마을)
　　　　まち　　　　　　　　　　　　　　　　　　　　　　　　まち

(3) ケーキは _____。

(4) 今日は _____。
　　きょう

2 문제를 듣고 내용에 맞는 그림을 순서대로 골라 보세요. 🎧 29

(1) _____ → _____ (2) _____ → _____ (3) _____ → _____ (4) _____ → _____

① 　② 　③ 　④

⑤ 　⑥ 　⑦ 　⑧

다음 우리말을 일본어로 써 보세요.

1 지난 주말은 조금 추웠지만, 날씨는 좋았습니다.

_____ 。

2 전에는 영어를 잘하지 못했습니다. 그러나 지금은 잘합니다. (でも : 그러나)

_____ 。

3 10년 전에는 학생이었습니다만, 지금은 회사원입니다.

_____ 。

4 어제는 4월 7일 수요일이었습니다.

_____ 。

5 시험은 6월 3일부터 6월 6일까지였습니다.

_____ 。

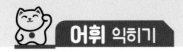

● 기분이나 감정을 나타내는 형용사

厳しい	엄하다	優しい	상냥하다, 친절하다
怖い	무섭다	うらやましい	부럽다
恥ずかしい	부끄럽다	惜しい	아깝다, 애석하다
悔しい	억울하다, 분하다	情けない	한심하다
しつこい	끈질기다, 집요하다	苦しい	괴롭다
冷たい	냉정하다	憎い	밉다
親しい	친하다	大人しい	얌전하다
楽しい	즐겁다	ずうずうしい	뻔뻔하다
寂しい	쓸쓸하다, 외롭다	面倒くさい	귀찮다
辛い	괴롭다, 고통스럽다	ずるい	교활하다
生意気だ	건방지다	純粋だ	순수하다
消極的だ	소극적이다	積極的だ	적극적이다
短気だ	성미가 급하다	正直だ	정직하다
ばかだ	어리석다	かわいそうだ	가엾다, 불쌍하다

8

何が 一番
<ruby>何<rt>なに</rt></ruby>が <ruby>一番<rt>いちばん</rt></ruby>

おいしいですか。

무엇이 가장 맛있습니까?

≫ 이(시우) 씨와 다나카 씨가 좋아하는 과일에 대해 이야기합니다.

田中　李さん、今日は お弁当ですか。全部 果物ですね。

果物だけで 大丈夫ですか。

李　はい、果物が 好きだから 大丈夫です。

田中　そうですか。李さんは 果物の 中で 何が

一番 好きですか。

李　そうですね、いちごが 一番 好きですが…。

田中さんは どうですか。

田中　私は 果物も 好きですが、野菜も 好きです。

李　では、最近 野菜の 中で 何が 一番 おいしいですか。

田中　なすです。おいしくて 体に いいです。

李　そうですか。

다나카　이(시우) 씨, 오늘은 도시락입니까? 전부 과일이네요. 과일만으로 괜찮습니까?

이(시우)　네, 과일을 좋아해서 괜찮습니다.

다나카　그러세요? 이(시우) 씨는 과일 중에서 무엇을 가장 좋아합니까?

이(시우)　글쎄요, 딸기를 가장 좋아합니다만…. 다나카 씨는 어떻습니까?

다나카　저는 과일도 좋아합니다만, 야채도 좋아합니다.

이(시우)　그럼, 최근에 야채 중에서 무엇이 가장 맛있습니까?

다나카　가지입니다. 맛있고 몸에 좋습니다.

이(시우)　그렇습니까.

새단어

お弁当 (べんとう) 도시락	いちご 딸기
全部 (ぜんぶ) 전부	野菜 (やさい) 야채
果物 (くだもの) 과일	最近 (さいきん) 최근
～だけで ～만으로	なす 가지
大丈夫だ (だいじょうぶ) 괜찮다	体に いい (からだ) 몸에 좋다

1 AとBと どちらが ～ですか。 : A와 B 중 어느 쪽이 ～합니까?

2개의 대상을 비교해서 묻는 표현입니다. 「どちら」는 '어느 쪽', '어느 것'이라는 뜻의 의문사로, 비교 대상을 지칭하는 말입니다. 비교 대상이 사람·사물·장소인지 등에 상관없이 사용합니다.

野球と サッカーと どちらが 好きですか。 야구와 축구 중 어느 쪽을 좋아합니까?

犬と 猫と どちらが かわいいですか。 개와 고양이 중 어느 쪽이 귀엽습니까?

日本語と 中国語と どちらが 難しいですか。 일본어와 중국어 중 어느 쪽이 어렵습니까?

夏と 冬と どちらが 好きですか。 여름과 겨울 중 어느 쪽이 좋습니까?

2 (Aより)Bの 方が ～です。 : (A보다) B가 ～입니다.

2개의 대상을 비교하는 표현으로, 「～より」는 '～보다', 「～方」는 '～ 쪽'이라는 뜻입니다.

(サッカーより)野球の 方が 好きです。 (축구보다) 야구를 더 좋아합니다.

(猫より)犬の 方が かわいいです。 (고양이보다) 개가 더 귀엽습니다.

(中国語より)日本語の 方が 難しいです。 (중국어보다) 일본어가 더 어렵습니다.

(夏より)冬の 方が 好きです。 (여름보다) 겨울이 더 좋습니다.

단어 野球 야구　サッカー 축구　夏 여름　冬 겨울

3 ～の なかで 何/誰/どこ/いつ/どれが 一番 ～ですか。

: ～중에서 무엇/누구/어디/언제/어느 것이/가 가장 ～합니까?

비교 대상이 3개 이상일 때 최상급을 사용하여 묻는 표현입니다. 비교 대상이 무엇이냐에 따라 의문사가 달라집니다.

食べ物の 中で 何が 一番 おいしいですか。 음식 중에서 무엇이 가장 맛있습니까?

韓国の 中で どこが 一番 有名ですか。 한국에서 어디가 가장 유명합니까?

一週間の 中で いつが 一番 大変ですか。 일주일 중에 언제가 가장 힘듭니까?

この 中で どれが 一番 いいですか。 이 중에서 어느 것이 가장 좋습니까?

4 ～が 一番 ～です。 : ～이 가장 ～합니다.

비교 대상이 3개 이상일 때, '～이 가장 ～하다'라고 말하는 표현입니다. 「一番」은 '가장', '제일'이란 뜻입니다.

カルビが 一番 おいしいです。 갈비가 가장 맛있습니다.

ソウルが 一番 有名です。 서울이 가장 유명합니다.

水曜日が 一番 大変です。 수요일이 가장 힘듭니다.

これが 一番 いいです。 이것이 가장 좋습니다.

単어 食べ物 음식　 ～中で ～중에서　 一週間 일주일 간　 カルビ 갈비

1 주어진 단어를 사용하여 〈보기〉와 같이 말해 보세요.

·보기·

(いちご、りんご、好きだ)

A: いちごと りんごと どちらが 好きですか。

B: いちごより りんごの 方が 好きです。

(1) (日本語、中国語、簡単だ)

A: _____ と _____ と どちらが _____ 。

B: _____ 。

(2) (パン、お菓子、好きだ)

A: _____ と _____ と どちらが _____ 。

B: _____ 。

(3) (バス、地下鉄、速い)

A: _____ と _____ と どちらが _____ 。

B: _____ 。

(4) (野球、サッカー、上手だ)

A: _____ と _____ と どちらが _____ 。

B: _____ 。

2 주어진 단어를 사용하여 〈보기〉와 같이 말해 보세요.

보기

①犬　②猫　③好きだ　④かわいい

A: ①犬と ②猫と どちらが ③好きですか。
B: ①犬より ②猫の 方が ③好きです。
A: どうしてですか。
B: ④かわいいからです。

(1) ① みかん　　② すいか
③ 好きだ　　④ 甘いものが 好きだ

(2) ① 冬　　② 夏
③ 好きだ　　④ 水泳が 好きだ

(3) ① アイス　　② ホット
③ 好きだ　　④ ホットが おいしい

(4) ① バス　　② 地下鉄
③ 便利だ　　④ 駅が 近い

단어 アイス [ice] 아이스　ホット [hot] 핫

3 주어진 단어와 알맞은 의문사를 사용하여 〈보기〉와 같이 말해 보세요.

・보기・

(果物、好きだ、りんご)

A:果物の 中で 何が 一番 好きですか。

B:りんごが 一番 好きです。

(1) (料理、おいしい、プルコギ)

A: _____ の 中で _____ 一番 _____。

B: _____。

(2) (クラス、背が 高い、田中)

A: _____ の 中で _____ 一番 _____。

B: _____。

(3) (一週間、忙しい、月曜日)

A: _____ の 中で _____ 一番 _____。

B: _____。

(4) (韓国、有名だ、ソウル)

A: _____ の 中で _____ 一番 _____。

B: _____。

・단어・ 果物 과일　プルコギ 불고기　背が 高い 키가 크다　一週間 일주일 간

4 주어진 단어를 사용하여 〈보기〉와 같이 말해 보세요.

・보기・

① 季節　　② いつ　　③ 春　　④ 花が 多い

A: ① 季節の 中で　② いつが 一番 好きですか。

B: ③ 春が 一番 好きです。

A: どうしてですか。

B: ④ 花が 多いからです。

(1) ① 果物　　　　　　② 何

　　③ いちご　　　　　④ 甘くて おいしい

(2) ① スポーツ　　　　② 何

　　③ サッカー　　　　④ 上手だ

(3) ① クラス　　　　　② 誰

　　③ 田中さん　　　　④ ハンサムで やさしい

(4) ① 一週間　　　　　② いつ

　　③ 金曜日　　　　　④ 次の 日が 休みだ

・단어・ 季節 계절　春 봄　花 꽃　サッカー 축구　クラス 학급　次の 日 다음 날

1 문제를 듣고 빈칸을 받아써 보세요. 🎧 31

(1) 野球 _____ サッカー _____ おもしろいですか。
や きゅう

(2) おいしいから _____ の 方が 好きです。
ほう す

(3) 韓国の _____ 有名ですか。
かんこく　ゆうめい

(4) 歌手の 中で _____ 。(歌手: 가수)
か しゅ なか　か しゅ

2 문제를 듣고 내용에 맞는 그림을 골라 보세요. 🎧 32

(1) ① ②  ③

(2) ① ② ③

(3) ① ② ③

(4) ① ② ③

・단어・ 乗り物 탈 것　飛行機 비행기　色 색　青色 파란색
の もの　　ひ こう き　　いろ　　あおいろ

다음 우리말을 일본어로 써 보세요.

1 축구와 야구 중 어느 쪽을 잘합니까?

_____。

2 겨울보다 여름을 더 좋아합니다.

_____。

3 과일 중에서 무엇이 가장 맛있습니까?

_____。

4 가수 중에서 누구를 가장 좋아합니까?

_____。

5 일본 (중)에서 동경이 가장 번화합니다. (東京 : 동경)

_____。

● 과일(果物)
^{くだもの}

なし
배

ぶどう
포도

メロン
메론

みかん
귤

もも
복숭아

すいか
수박

グレープフルーツ
자몽

オレンジ
오렌지

● 색(色)
^{いろ}

^{あかいろ}
赤色
빨간색

^{あおいろ}
青色
파란색

^{くろいろ}
黒色
검은색

^{しろいろ}
白色
흰색

^{き いろ}
黄色
노란색

^{ちゃいろ}
茶色
갈색

^{みどりいろ}
緑色
녹색

^{むらさきいろ}
紫色
보라색

* 형용사 あかい에서 い를 삭제하면 '빨강'이 됩니다.

MEMO

9

銀行は どこに ありますか。
ぎんこう

은행은 어디에 있습니까?

≫ 이(시우) 씨가 다나카 씨에게 커피숍 위치를 묻습니다.

李　田中さん、この 近くに スタバが ありますか。

田中　ありますが、どうしてですか。

李　そこで 姉と 約束が あります。

田中　そうですか。スタバは 銀行の 隣に あります。

李　すみませんが、銀行は どこに ありますか。

田中　駅の 左に あります。

李　駅の 左ですね。

田中　はい、そうです。

　ところで、李さんは 何人 家族ですか。

李　祖母と 父、それから 母、姉、妹 が います。

田中　大家族ですね。

李　人が 多くて いつも にぎやかです。

田中　私は 一人っ子ですから うらやましいです。

해석

이(시우) 다나카 씨, 이 근처에 스타벅스가 있습니까?

다나카 있습니다만, 왜 그러십니까?

이(시우) 거기서 누나랑 약속이 있습니다.

다나카 그래요. 스타벅스는 은행 옆에 있습니다.

이(시우) 죄송합니다만, 은행은 어디에 있습니까?

다나카 역 왼쪽에 있습니다.

이(시우) 역 왼쪽이군요.

다나카 네, 그렇습니다. 그런데, 이(시우) 씨는 가족이 몇 명입니까?

이(시우) 할머니와 아버지, 그리고 어머니, 누나, 여동생이 있습니다.

다나카 대가족이군요.

이(시우) 사람이 많아서 항상 북적거립니다.

다나카 저는 혼자여서(외동이어서) 부럽습니다.

새단어

^{ちか}近くに 근처에	□ ところで 그런데 (화제 전환의 접속사)	^{いもうと}□ 妹 여동생
^{あね}□ 姉 언니, 누나	^{そぼ}□ 祖母 할머니	^{だいかぞく}□ 大家族 대가족
^{やくそく}□ 約束 약속	^{ちち}□ 父 아버지	□ いつも 항상, 언제나
^{となり}□ 隣 옆	□ それから 그리고(그러고 나서)	^{ひとり こ}□ 一人っ子 외동딸, 외동아들
^{ひだり}□ 左 왼쪽	^{はは}□ 母 어머니	□ うらやましい 부럽다

1 장소에 사물/식물이 あります。 : ~에 (사물/식물)이 있습니다.

우리말 '있다'에 해당하는 동사는 「ある」와 「いる」두 가지가 있습니다. 그 중 「ある」는 주어가 '사물이나 식물'일 때 사용하며, 정중체는 「あります」입니다. 「に」는 '~에'라는 장소를 나타내는 조사입니다.

> 机の 上に パソコンが あります。 책상 위에 컴퓨터가 있습니다.

> 教室の 中に 花が あります。 교실 안에 꽃이 있습니다.

> 会社の 前に 食堂が あります。 회사 앞에 식당이 있습니다.

2 장소에 사람/동물이 います。 : ~에 (사람/동물)이 있습니다.

주어가 '사람이나 동물'일 때는 「いる」를 사용하며, 정중체는 「います」입니다.

> 学校の 前に 先生が います。 학교 앞에 선생님이 있습니다.

> 椅子の 下に 猫が います。 의자 밑에 고양이가 있습니다.

> 教室の 中に 学生が います。 교실 안에 학생이 있습니다.

3 ありません / いません。 : 없습니다.

「ある」,「いる」의 부정형은 각각 「ない」,「いない」이며, 정중체는 「ありません」,「いません」입니다.

> A: 机の 上に パソコンが ありますか。 책상 위에 컴퓨터가 있습니까?

> B: はい、あります。/ いいえ、ありません。 네, 있습니다./아니요, 없습니다.

> A: 椅子の 上に 猫が いますか。 테이블 위에 고양이가 있습니까?

> B: はい、います。/ いいえ、いません。 네, 있습니다./아니요, 없습니다.

・단어・ 椅子 의자   教室 교실   机 책상

4 위치를 나타내는 명사

まえ
前 앞

テーブルの 前に 猫が います。

테이블 앞에 고양이가 있습니다.

うし
後ろ 뒤

テーブルの 後ろに 猫が います。

테이블 뒤에 고양이가 있습니다.

うえ
上 위

テーブルの 上に 猫が います。

테이블 위에 고양이가 있습니다.

した
下 아래

テーブルの 下に 猫が います。

테이블 아래에 고양이가 있습니다.

なか
中 안

箱の 中に 猫が います。

상자 안에 고양이가 있습니다.

そと
外 밖

箱の 外に 猫が います。

상자 밖에 고양이가 있습니다.

단어 テーブル 테이블　箱 상자

右^{みぎ} 오른쪽

テーブルの 右^{みぎ}に 猫^{ねこ}が います。

테이블 오른쪽에 고양이가 있습니다.

左^{ひだり} 왼쪽

テーブルの 左^{ひだり}に 猫^{ねこ}が います。

테이블 왼쪽에 고양이가 있습니다.

横^{よこ} 옆

箱^{はこ}の 横^{よこ}に 猫^{ねこ}が います。

상자 옆에(붙어 있는) 고양이가 있습니다.

隣^{となり} 옆

アパートの 隣^{となり}に 銀行^{ぎんこう}が あります。

아파트 옆에 (나란히) 은행이 있습니다.

近く^{ちか} 근처

家^{いえ}の 近^{ちか}くに 公園^{こうえん}が あります。

집 근처에 공원이 있습니다.

間^{あいだ} 사이

椅子^{いす}の 間^{あいだ}に かばんが あります。

의자 사이에 가방이 있습니다.

단어 ・ アパート 아파트

1 질문에 〈보기〉와 같이 답해 보세요.

·보기·

> A : 部屋の 中に 猫が いますか。
>
> B₁: <u>はい、部屋の 中に います。</u>
>
> B₂: <u>いいえ、部屋の 中に いません。</u>

(1) A : 机の 上に 花が ありますか。

B₁: _____。

B₂: _____。

(2) A : スピーカーの 間に テレビが ありますか。

B₁: _____。

B₂: _____。

(3) A : 家の 前に 田中さんが いますか。

B₁: _____。

B₂: _____。

(4) A : テーブルの 下に 犬が いますか。

B₁: _____。

B₂: _____。

·단어· スピーカー 스피커

2 다음 그림을 보고 〈보기〉와 같이 대화를 완성해 보세요.

·보기·

A: クーラーは どこに ありますか。(カレンダー)
B: カレンダーの 右に あります。

(1) A: 猫は _____。(ベッド)

   B: _____。

(2) A: くつは _____。(箱)

   B: _____。

(3) A: かさは _____。(テレビ、スピーカー)

   B: _____。

·단어· クーラー 에어컨   カレンダー 달력   ベッド 침대   箱 상자

3 다음 그림을 보고 질문에 답해 보세요.

(1) 全部で 何人ですか。
ぜんぶ　　なんにん

_____。

(2) キムさんの お父さんは どこに いますか。
とう

_____。

(3) キムさんの お母さんは どこに いますか。
かあ

_____。

(4) キムさんの 奥さんは どこに いますか。
おく

_____。

•단어• お父さん 아버지　　お母さん 어머니　　奥さん 부인 (남의 부인을 높여서 부르는 말)　　息子 아들
　　　　とう　　　　　　　かあ　　　　　　　おく　　　　　　　　　　　　　　　　　　　　　　　むすこ
娘 딸
むすめ

1 문제를 듣고 빈칸을 받아써 보세요. 🎧34

(1) 猫(ねこ)は _____。

(2) かばんは _____。

(3) テレビは スピーカーの 左(ひだり)の _____ あります。

(4) 妹(いもうと)は _____ います。

2 문제를 듣고 문제에서 말하는 물건의 위치를 찾아 보세요. 🎧35

(1) _____ (2) _____ (3) _____ (4) _____

단어 サッカーボール 축구공

다음 우리말을 일본어로 써 보세요.

1 편의점은 은행 옆에 있습니다.

_____ 。

2 백화점은 역 근처에 있습니다.

_____ 。

3 고양이는 의자 아래에 있습니다.

_____ 。

4 가방 안에 책이 없습니다.

_____ 。

5 아버지, 어머니, 언니가 2명 있습니다.

_____ 。

● 가족 명칭

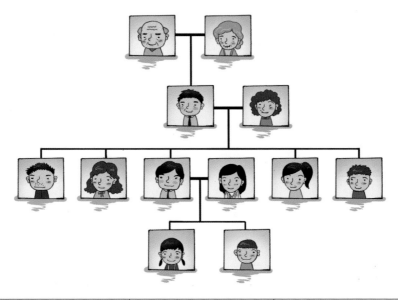

나의 가족		남의 가족
<ruby>祖父<rt>そ ふ</rt></ruby>	할아버지	おじいさん
<ruby>祖母<rt>そ ぼ</rt></ruby>	할머니	おばあさん
<ruby>父<rt>ちち</rt></ruby>	아버지	<ruby>お父<rt>とう</rt></ruby>さん
<ruby>母<rt>はは</rt></ruby>	어머니	<ruby>お母<rt>かあ</rt></ruby>さん
<ruby>兄<rt>あに</rt></ruby>	형/오빠	<ruby>お兄<rt>にい</rt></ruby>さん
<ruby>姉<rt>あね</rt></ruby>	누나/언니	<ruby>お姉<rt>ねえ</rt></ruby>さん
<ruby>弟<rt>おとうと</rt></ruby>	남동생	<ruby>弟<rt>おとうと</rt></ruby>さん
<ruby>妹<rt>いもうと</rt></ruby>	여동생	<ruby>妹<rt>いもうと</rt></ruby>さん
<ruby>夫<rt>おっと</rt></ruby>・<ruby>主人<rt>しゅじん</rt></ruby>	남편	ご<ruby>主人<rt>しゅじん</rt></ruby>
<ruby>妻<rt>つま</rt></ruby>・<ruby>家内<rt>か ない</rt></ruby>	부인	<ruby>奥<rt>おく</rt></ruby>さん
<ruby>息子<rt>むす こ</rt></ruby>	아들	<ruby>息子<rt>むす こ</rt></ruby>さん
<ruby>娘<rt>むすめ</rt></ruby>	딸	<ruby>娘<rt>むすめ</rt></ruby>さん

MEMO

10

今日 何を しますか。

きょう なに

오늘은 무엇을 합니까?

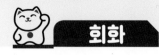

≫ 이(시우) 씨가 운동에 대해 이야기합니다.

李　田中さん、よく 運動を しますか。

田中　いいえ、仕事が 忙しくて、あまり しません。

　　　李さんは?

李　私は 最近 よく 運動を します。

田中　どこで しますか。

李　家の 近くの 公園で します。

田中　毎日 しますか。

李　いいえ、週に 2、3回です。

田中　今日も しますか。

李　いいえ、今日は しません。友だちに 会います。

　　　田中さんは 今日 何を しますか。

田中　私は 早く うちへ 帰ります。

해석

이(시우)	다나카 씨, 자주 운동하십니까?
다나카	아니요, 일이 바빠서, 별로 못 합니다. 이(시우) 씨는요?
이(시우)	저는 최근에 자주 운동을 합니다.
다나카	어디에서 합니까?
이(시우)	집 근처 공원에서 합니다.
다나카	매일 합니까?
이(시우)	아니요, 주 2, 3회 합니다.
다나카	오늘도 합니까?
이(시우)	아니요, 오늘은 안 합니다. 친구를 만날 겁니다. 다나카 씨는 오늘 무엇을 할 겁니까?
다나카	저는 빨리 집에 갈 겁니다.

새단어

□ よく 자주	□ どこで 어디에서	□ 友_{とも}だち 친구
□ 運動_{うんどう}を します 운동을 합니다	□ 毎日_{まいにち} 매일	□ ～に 会_あいます ~을/를 만납니다
□ あまり+ (부정) 그다지	□ 週_{しゅう}に 일주일에	□ 早_{はや}く 빨리
□ 最近_{さいきん} 최근	□ 回_{かい} 회	□ 帰_{かえ}ります 돌아갑니다

1 동사의 분류 (1그룹, 2그룹, 3그룹)

일본어 동사의 기본형은 어미가 모두 「う」단 (う、く、ぐ、す、つ、ぬ、ふ、ぶ、む、る)으로 끝나며, 활용하는 형태에 따라 다음 3가지로 나뉩니다.

⑴ 1그룹 동사

어미가 「る」로 끝나지 않는 동사와 어미가 「る」로 끝나고 바로 앞이 「あ」, 「う」, 「お」단이 오는 동사를 말합니다. 1그룹 동사에는 형태가 2그룹처럼 보이지만 1그룹으로 분류되는 예외 동사가 있다는 점을 주의해야 합니다.

⑵ 2그룹 동사

어미가 「る」로 끝나고, 어미 「る」 앞에 「い」, 「え」단이 오는 동사를 말합니다.

⑶ 3그룹 동사

불규칙 활용을 하는 동사로, 「来る」와 「する」 2개뿐입니다.

종류	형태
1그룹 동사	**어미가 「る」로 끝나지 않는 동사** 예) 会う 만나다　書く 쓰다　急ぐ 서두르다　話す 말하다 待つ 기다리다　死ぬ 죽다　遊ぶ 놀다　飲む 마시다<hr>**어미가 「る」로 끝나고 바로 앞이 「あ」, 「う」, 「お」단이 오는 동사** 예) ある 있다　作る 만들다　乗る 타다<hr>＊ 예외 1그룹 동사 (형태는 2그룹이지만, 1그룹과 동일하게 활용하여 1그룹으로 분류) 예) 帰る 돌아가다　入る 들어가다　走る 달리다　切る 자르다 知る 알다　要る 필요하다
2그룹 동사	**어미가 「る」로 끝나고, 바로 앞이 「い」, 「え」단이 오는 동사** 예) 見る 보다　起きる 일어나다　寝る 자다　食べる 먹다
3그룹 동사	예) 来る 오다　する 하다

2 ～ます (ません)。 : ～합니다(～하지 않습니다).

명사, 형용사는 「です」를 붙여 '～입니다'라는 정중체는 만들었다면, 동사는 「ます」를 붙여
'～합니다'라는 정중체를 만듭니다. '～하지 않습니다'라는 부정형은 「ません」을 붙입니다.

1그룹 동사	**어미 「う」단을 「い」단으로 바꾸고 「ます(ません)」를 붙인다.**
	会_あう 만나다 → 会_あいます(会_あいません)　　만납니다 (만나지 않습니다)
	書_かく 쓰다 → 書_かきます(書_かきません)　　씁니다 (쓰지 않습니다)
	飲_のむ 마시다 → 飲_のみます(飲_のみません)　　마십니다 (마시지 않습니다)
	遊_{あそ}ぶ 놀다 → 遊_{あそ}びます(遊_{あそ}びません)　　놉니다 (놀지 않습니다)
	急_{いそ}ぐ 서두르다 → 急_{いそ}ぎます(急_{いそ}ぎません)　　서두릅니다 (서두르지 않습니다)
	待_まつ 기다리다 → 待_まちます(待_まちません)　　기다립니다 (기다리지 않습니다)
	死_しぬ 죽다 → 死_しにます(死_しにません)　　죽습니다 (죽지 않습니다)
	帰_{かえ}る 돌아가다 → 帰_{かえ}ります(帰_{かえ}りません)　　돌아갑니다 (돌아가지 않습니다)
2그룹 동사	**어미 る를 지우고 「ます(ません)」을 붙인다.**
	見_みる 보다 → 見_みます(見_みません)　　봅니다 (보지 않습니다)
	起_おきる 일어나다 → 起_おきます(起_おきません)　　일어납니다 (일어나지 않습니다)
	寝_ねる 자다 → 寝_ねます(寝_ねません)　　잡니다 (자지 않습니다)
	食_たべる 먹다 → 食_たべます(食_たべません)　　먹습니다 (먹지 않습니다)
3그룹 동사	**불규칙**
	来_くる 오다 → 来_きます(来_きません)　　옵니다 (오지 않습니다)
	する 하다 → します(しません)　　합니다 (하지 않습니다)

3 조사

(1) 목적, 대상 : を

우리말 '~을/를'에 해당하며, 동사의 목적어를 나타냅니다.

日本語の 新聞を 読みます。 일본어 신문을 읽습니다.

顔を 洗います。 세수를 합니다.

＊ 일본어에서 물로 씻는 것은 洗う라고 표현합니다.

(2) 동작의 상대 : と

우리말 '~와/과'에 해당하며, 동작을 같이 하는 상대를 나타냅니다.

友だちと 映画を 見ます。 친구와 영화를 봅니다.

家族と 話します。 가족과 얘기합니다.

(3) 장소, 수단 : で

동작이 일어나는 장소 뒤에 붙어 '~에서'의 의미로 쓰이거나, 수단이나 방법 등의
뒤에 붙어 '~로'의 의미로 사용됩니다.

学校で 勉強を します。 학교에서 공부를 합니다.

日本語で 話します。 일본어로 말합니다.

단어 読む 읽다　顔 얼굴　洗う 씻다　見る 보다　家族 가족　勉強を する 공부를 하다
話す 말하다

⑷ 시간, 장소, 상대 : に

구체적인 시간이나 존재 장소 뒤에 붙어 '~에'의 의미로 쓰이거나, 사람, 직함 등에 붙어 '~에게/한테' 등의 의미로 사용됩니다.

7時に 起きます。 7시에 일어납니다.

教室に います。 교실에 있습니다.

先生に 質問しますか。 선생님께 질문합니까?

⑸ 방향 : へ

방향을 나타내는 '~로/으로'의 의미로 사용됩니다. 「へ」가 조사로 쓰일 때는 [he]가 아닌 [e]로 발음합니다.

学校へ 行きます。 학교에 갑니다.

うちへ 帰ります。 집에 돌아갑니다.

단어 起きる 일어나다   行く 가다   うち 집   帰る 돌아가다

1 주어진 말을 사용하여 〈보기〉와 같이 답해 보세요.

·보기·

日本語の 勉強を する

A : よく 日本語の 勉強を しますか。

B₁: はい、よく します。

B₂: いいえ、あまり しません。

(1) コーヒーを 飲む

A : よく＿＿＿＿＿＿＿＿＿＿＿＿＿＿＿＿＿。

B₁: ＿＿＿＿＿＿＿＿＿＿＿＿＿＿＿＿＿＿＿。

B₂: ＿＿＿＿＿＿＿＿＿＿＿＿＿＿＿＿＿＿＿。

(2) 友だちに 会う

A : よく＿＿＿＿＿＿＿＿＿＿＿＿＿＿＿＿＿。

B₁: ＿＿＿＿＿＿＿＿＿＿＿＿＿＿＿＿＿＿＿。

B₂: ＿＿＿＿＿＿＿＿＿＿＿＿＿＿＿＿＿＿＿。

(3) 映画を 見る

A : よく＿＿＿＿＿＿＿＿＿＿＿＿＿＿＿＿＿。

B₁: ＿＿＿＿＿＿＿＿＿＿＿＿＿＿＿＿＿＿＿。

B₂: ＿＿＿＿＿＿＿＿＿＿＿＿＿＿＿＿＿＿＿。

2 〈보기〉에서 적당한 조사를 골라 빈칸에 넣어 말해 보세요.

・보기・

が　を　に　で　から　へ　まで　と

(1) 毎朝 7時_____ 起きます。

それから ごはん_____ 食べます。

(2) 毎日 9時_____ 6時_____ 会社_____ 仕事_____ します。

(3) 何時_____ うち_____ 帰りますか。

(4) 友だち_____ 映画_____ 見ます。

(5) よく 先生_____ 質問しますか。

(6) 教室_____ 何_____ ありますか。

・단어・ 毎朝 매일 아침　それから 그러고 나서　ごはん 밥　質問する 질문하다

3 주어진 말을 사용하여 〈보기〉와 같이 말해 보세요.

·보기·

① 映画を 見る   ② どこで 見る   ③ 映画館で 見る

A: 今日 何を しますか。
B: ① 映画を 見ます。
A: ② どこで 見ますか。
B: ③ 映画館で 見ます。

(1) ① 運動を する   ② どんな 運動を する
    ③ 自転車に 乗る

(2) ① 本を 読む   ② どんな 本を 読む
    ③ 小説を 読む

(3) ① 料理を 作る   ② 何を 作る
    ③ 日本料理を 作る

(4) ① 勉強を する   ② どこで する
    ③ 家で する

·단어· 運動 운동   自転車 자전거   読む 읽다   小説 소설   家 집

1 문제를 듣고 빈칸을 받아써 보세요. 🎧 37

(1) <ruby>私<rt>わたし</rt></ruby>は <ruby>毎日<rt>まいにち</rt></ruby> <ruby>7時<rt>しちじ</rt></ruby>に _____。

(2) <ruby>学校<rt>がっこう</rt></ruby>で _____。

(3) <ruby>地下鉄<rt>ちかてつ</rt></ruby>で _____。

(4) <ruby>今日<rt>きょう</rt></ruby>は _____。

2 문제를 듣고 내용에 맞는 그림을 골라 보세요. 🎧 38

(1) _____ (2) _____ (3) _____ (4) _____ (5) _____

①    ②   ③

④    ⑤

다음 우리말을 일본어로 써 보세요.

1 저는 자주 커피를 마십니다.

_____。

2 저는 매일 일찍 일어납니다. (早く : 일찍)

_____。

3 이번 주말은 무엇을 할 겁니까?

_____。

4 역 앞에서 친구를 만날 겁니다.

_____。

5 오늘은 집에 일찍 돌아가지 않을 겁니다.

_____。

어휘 익히기

● 자주 쓰이는 일과 표현

あさ じ お
朝 6時に 起きる
아침 6시에 일어나다

かお あら
顔を 洗う
세수하다

は みが
歯を 磨く
이를 닦다

かいしゃ い
会社へ 行く
회사에 가다

ち か てつ の
地下鉄に 乗る
지하철을 타다

かれ し かのじょ あ
彼氏(彼女)に 会う
남자(여자) 친구를 만나다

とも あそ
友だちと 遊ぶ
친구랑 놀다

おんがく き
音楽を 聞く
음악을 듣다

か
レポートを 書く
리포트를 쓰다

と しょかん べんきょう
図書館で 勉強する
도서관에서 공부하다

いえ かえ
家へ 帰る
집에 돌아가다

かぞく はな
家族と 話す
가족이랑 얘기하다

ふく き
服を 着る
옷을 입다

ま
バスを 待つ
버스를 기다리다

ふ ろ はい
お風呂に 入る
목욕하다

よる おそ ね
夜 遅く 寝る
밤늦게 자다

11

何を 食べましょうか。

なに　　た

무엇을 먹을까요?

≫ 이(시우) 씨와 다나카 씨가 점심 메뉴를 정합니다.

田中　李さん、そろそろ　昼ごはんを　食べましょう。

イ　　もう　昼ごはんの　時間ですか。いいですよ。

田中　今日は　何を　食べましょうか。

イ　　うどんは　どうですか。

田中　うどんも　いいですけど、

　　　うどんは　昨日　山田さんと　食べました。

イ　　そうですか。

　　　じゃ、図書館の　近くの　どんぶり屋に　行きませんか。

田中　新しい　店ですか。

イ　　はい、とても　人気です。

田中　いいですね。今日は　どんぶりを　食べましょう。

다나카	이(시우) 씨, 슬슬 점심 먹읍시다.
이(시우)	벌써 점심시간입니까? 좋아요.
다나카	오늘은 무엇을 먹을까요?
이(시우)	우동은 어떻습니까?
다나카	우동도 좋지만, 우동은 어제 야마다 씨와 먹었습니다.
이(시우)	그렇습니까, 그럼, 도서관 근처 돈부리집에 가지 않겠습니까?
다나카	새로 생긴 가게입니까?
이(시우)	네, 매우 인기 있습니다.
다나카	좋습니다. 오늘은 덮밥을 먹읍시다.

새단어

□ そろそろ 슬슬	□ うどん 우동
□ 食べる 먹다	□ どんぶり屋 돈부리집 (덮밥집)
□ もう 이미, 벌써	□ 人気 인기

문법

1 「~ます」의 과거형

「~ます」의 과거형은 「~ました(~했습니다)」입니다. '~하지 않았습니다'라는 부정형은 「~ませんでした」입니다.

기본형	~ました ~했습니다	~ませんでした ~하지 않았습니다
1그룹 동사		
買う 사다	買いました	買いませんでした
聞く 듣다	聞きました	聞きませんでした
泳ぐ 수영하다	泳ぎました	泳ぎませんでした
話す 말하다	話しました	話しませんでした
待つ 기다리다	待ちました	待ちませんでした
死ぬ 죽다	死にました	死にませんでした
遊ぶ 놀다	遊びました	遊びませんでした
読む 읽다	読みました	読みませんでした
入る 들어가다	入りました	入りませんでした
2그룹 동사		
見る 보다	見ました	見ませんでした
起きる 일어나다	起きました	起きませんでした
食べる 먹다	食べました	食べませんでした
3그룹 동사		
来る 오다	来ました	来ませんでした
する 하다	しました	しませんでした

2 「ます」형을 활용한 권유와 의향 묻기

상대방에게 권유하거나 의향 또는 의견을 물을 때, 다음과 같은 표현을 사용합니다.
「～ませんか」는「～ましょうか」보다 정중한 표현입니다.

(1) ～ませんか。 : ～하지 않겠습니까?

映画を 見ませんか。 영화 보지 않겠습니까?

一緒に 行きませんか。 함께 가지 않겠습니까?

少し 休みませんか。 잠깐 쉬지 않겠습니까?

(2) ～ましょう。 : ～합시다.

すしを 食べましょう。 초밥을 먹읍시다.

公園へ 行きましょう。 공원에 갑시다.

4時に 会いましょう。 4시에 만납시다.

(3) ～ましょうか。 : ～할까요?

少し 休みましょうか。 잠깐 쉴까요?

そろそろ 帰りましょうか。 슬슬 돌아갈까요?

何を 食べましょうか。 무엇을 먹을까요?

·단어· 一緒に 함께　少し 조금, 잠깐　休む 쉬다　そろそろ 슬슬

1 질문에 〈보기〉와 같이 답해 보세요.

〈보기〉

A : 昨日 お酒を 飲みましたか。

B₁: はい、飲みました。

B₂: いいえ、飲みませんでした。

(1) A : 週末、映画を 見ましたか。

B₁: _____。

B₂: _____。

(2) A : 朝ごはんを 食べましたか。

B₁: _____。

B₂: _____。

(3) A : 昨日 デートを しましたか。

B₁: _____。

B₂: _____。

(4) A : 週末、図書館へ 行きましたか。

B₁: _____。

B₂: _____。

〈단어〉 お酒 술　飲む 마시다　朝ごはん 아침밥

2 주어진 말을 사용하여 〈보기〉와 같이 말해 보세요.

・보기・

(お酒を 飲む、会社の 前の 店)

A：一緒に お酒を 飲みませんか。

B：いいですね、飲みましょう。

どこで 飲みましょうか。

A：会社の 前の 店へ 行きましょう。

B：はい、そうしましょう。

(1) 運動を する、ジム

(2) 昼ごはんを 食べる、中華レストラン

(3) 散歩を する、ハンガン公園

(4) 買い物を する、近くの デパート

・단어・ そうしましょう 그렇게 합시다　中華レストラン 중국음식점　散歩を する 산책하다
買い物を する 쇼핑하다

3 주어진 말을 사용하여 〈보기〉와 같이 말해 보세요.

보기

(昼ご飯を 食べる、すし)

A:昼ご飯を 食べましたか。

B:いいえ、まだです。

A:一緒に 食べませんか。

　　すしは どうですか。

B:いいですね。

(1) レポートを 書く、今日

(2) コーヒーを 飲む、カフェラテ

(3) 田中さんの プレゼントを 買う、かばん

(4) 掃除を する、明日

단어　昼ご飯 점심밥　レポート 리포트　書く 쓰다　カフェラテ 카페라테　プレゼント 선물
掃除を する 청소를 하다　明日 내일

1 문제를 듣고 빈칸을 받아써 보세요.　🎧40

(1) 週末、＿＿＿＿＿＿＿＿＿＿＿＿＿＿＿＿＿＿。
しゅうまつ

(2) 昨日は＿＿＿＿＿＿＿＿＿＿＿＿＿＿＿＿＿＿。
きのう

(3) 一緒に＿＿＿＿＿＿＿＿＿＿＿＿＿＿＿＿＿＿。
いっしょ

(4) ＿＿＿＿＿＿＿＿＿＿ゆっくり＿＿＿＿＿＿＿＿＿＿。

2 문제를 듣고 남자의 질문에 여자가 행동을 했으면 ○, 안 했으면 X 하세요.

🎧41

(1) ＿＿＿＿＿＿　　(2) ＿＿＿＿＿＿　　(3) ＿＿＿＿＿＿

(4) ＿＿＿＿＿＿　　(5) ＿＿＿＿＿＿

・단어・　ゆっくり 푹, 천천히　休む 쉬다
やす

다음 우리말을 일본어로 써 보세요.

1 주말에 무엇을 했습니까?

_____ 。

2 어제는 친구와 놀았습니다.

_____ 。

3 토요일은 회사에 가지 않았습니다.

_____ 。

4 같이(함께) 점심 먹지 않겠습니까?

_____ 。

5 같이 영화 봅시다.

_____ 。

● 1그룹 동사

あら 洗う	씻다	お 終わる	끝나다
ある 歩く	걷다	つ 着く	도착하다
うご 動く	움직이다	て つだ 手伝う	돕다
うた 歌う	노래 부르다	と 飛ぶ	날다
う 売る	팔다	と 取る	잡다
お 押す	누르다	かえ 返す	돌려 주다
か 貸す	빌려 주다	す 住む	살다
か 書く	쓰다	と 泊まる	묵다
す 吸う	(담배를) 피우다	さ 咲く	(꽃이) 피다
すわ 座る	앉다	やす 休む	쉬다
た 立つ	서다	なら 習う	배우다
つく 作る	만들다	か 勝つ	이기다
おく 送る	보내다	こま 困る	곤란하다
いそ 急ぐ	서두르다	ちが 違う	다르다
よ 呼ぶ	부르다	はこ 運ぶ	운반하다

12

映画を 見に 行きたいです。
えい が   み   い

영화 보러 가고 싶습니다.

≫ 이(시우) 씨와 다나카 씨가 연휴에 하고 싶은 일을 이야기합니다.

田中　そろそろ　ゴールデンウィークですね。

李　そうですね。長い　連休ですから　楽しみです。

田中　李さんは　何が　したいですか。

李　したい　ことは　たくさん　ありますが、

　　　まず　映画を　見に　行きたいです。

田中　映画ですか。李さんは　映画が　好きですか。

李　はい。韓国では　ポップコーンを　食べながら

　　　よく　映画を　見ました。

田中　そうですか。

李　田中さんは　何が　したいですか。

田中　私は　ゆっくり　休みたいです。

　　　それから　買い物も　したいです。

李　じゃ、私と　一緒に　映画を　見に　行きませんか。

　　　それから　ショッピングも　しましょう。

田中　あ、それは　いいですね。一緒に　行きましょう。

해석

다나카　이제 곧 골든위크이군요.

이(시우)　그렇군요. 긴 연휴여서 기대됩니다.

다나카　이(시우) 씨는 뭐하고 싶습니까?

이(시우)　하고 싶은 일은 많이 있지만, 먼저 영화를 보러 가고 싶습니다.

다나카　영화 말입니까? 이(시우) 씨는 영화를 좋아합니까?

이(시우)　네. 한국에서는 팝콘을 먹으면서 자주 영화를 봤습니다.

다나카　그렇습니까.

이(시우)　다나카 씨는 무엇을 하고 싶습니까?

다나카　저는 푹 쉬고 싶습니다. 그러고 나서 쇼핑도 하고 싶습니다.

이(시우)　그럼, 저랑 같이 영화 보러 가지 않겠습니까? 그러고 나서 쇼핑도 합시다.

다나카　아, 그거 좋겠네요. 같이 갑시다.

새단어

□ ゴールデンウィーク 골든위크 (4월 29일 ~ 5월 5일)	□ ポップコーン 팝콘
□ 連休(れんきゅう) 연휴	□ ショッピング 쇼핑

1 동사의 「ます」형 + ~に 行く / 来る : ~하러 가다/오다

동사의 「ます」형이나 동작성 명사에 「~に」를 붙이면 '~하러'라는 목적을 나타내는 표현이 됩니다. 「~に」 뒤에는 이동을 나타내는 「行く」, 「来る」 등이 옵니다.

えい が   み   い
映画を 見に 行きます。 영화를 보러 갑니다.

の   き
コーヒーを 飲みに 来ました。 커피를 마시러 왔습니다.

しゅうまつ   か もの   い
週末、買い物に 行きませんか。 주말에 쇼핑하러 가지 않겠습니까?

とも   りょこう   い
友だちと 旅行に 行きます。 친구와 여행 갑니다.

2 동사의 「ます」형 + たい : ~ 하고 싶다

동사의 「ます」형에 「たい」를 붙이면 '~하고 싶다'라는 희망을 나타내는 표현이 됩니다. 「たい」도 「い」로 끝나므로 い형용사 활용을 합니다. 「たい」 앞에는 '~을/를'에 해당하는 목적격 조사로 「が」나 「を」를 모두 사용하는데, 「が」를 쓰면 대상을 조금 더 강조하는 표현이 됩니다.

すこ   やす
少し 休みたいです。 조금 쉬고 싶습니다.

あたら   か
新しい ケータイを 買いたいです。 새 핸드폰을 사고 싶습니다.

きょう   はや   かえ
今日は 早く 帰りたく ないです。 오늘은 일찍 돌아가고 싶지 않습니다.

* 원하는 것이 동사가 아닌 명사일 때, 즉 '~을 원한다, 갖고 싶다'라고 말할 때는, '명사 + が ほしい'을 씁니다. 이때 '~을'에 해당하는 조사는 「を」가 아니라 「が」가 된다는 점을 꼭 기억하세요. 「ほしい」도 「い」로 끝났으므로 い형용사 활용을 합니다.

あたら
新しい ケータイが ほしいです。 새 핸드폰이 갖고 싶습니다.

やす
休みが ほしいです。 휴가가 필요합니다.

·단어· 　か もの   はや
買い物 쇼핑　早く 일찍, 빨리

3 동사의「ます」형 + ながら : ~ 하면서

두 개의 동작이 동시에 일어날 때는 동사의「ます」형에「ながら」를 붙입니다.

音楽を 聞きながら コーヒーを 飲みます。

음악을 들으면서 커피를 마십니다.

おしゃべりを しながら お弁当を 食べます。

얘기를 하면서 도시락을 먹습니다.

歌を 歌いながら 掃除を します。

노래를 부르면서 청소를 합니다.

4 동사의「ます」형 + やすい / にくい : ~하기 쉽다·좋다/어렵다·불편하다

동사의「ます」형에「やすい」나「にくい」를 붙이면 '~하기 쉽다·좋다', '~하기 어렵다·불편하다'의 의미가 됩니다.「やすい」와「にくい」는 히라가나로 씁니다. 그리고 이는 객관적인 사항을 말할 때 사용하고, 주관적이거나 일반적이지 않을 때는「やさしい」,「むずかしい」를 사용합니다.

この ケータイは 使いやすいです。 이 핸드폰은 사용하기 쉽습니다(편리합니다).

字が 大きくて 読みやすいです。 글자가 커서 읽기 편합니다.

生ものは 食べにくいです。 날것은 먹기 힘듭니다.

字が 小さくて 読みにくいです。 글씨가 작아서 읽기 불편합니다.

· 단어 · 音楽 음악 おしゃべりを する 수다 떨다, 얘기하다 歌 노래 歌う 노래 부르다

使う 사용하다 字 글씨

1 주어진 말을 사용하여 〈보기〉와 같이 말해 보세요.

·보기·

(大変だ、ゆっくり 休む)

A: 今、何が したいですか。

B: 大変だから、ゆっくり 休みたいです。

(1) (眠い、コーヒーを 飲む)

A: 今、何が したいですか。

B: _____。

(2) (新しい 服が ほしい、買い物を する)

A: 今、何が したいですか。

B: _____。

(3) (暇だ、映画を 見る)

A: 今、何が したいですか。

B: _____。

·단어· 眠い 졸리다　服 옷

2 주어진 말을 사용하여 〈보기〉와 같이 말해 보세요.

·보기·

(音楽を 聞く、掃除を する)
A: 昨日 何を しましたか。
B: 音楽を 聞きながら 掃除を しました。

(1)

(コーヒーを 飲む、おしゃべりを する)
A: 昨日 何を しましたか。

B: _____。

(2)

(テレビを 見る、ご飯を 食べる)
A: 昨日 何を しましたか。

B: _____。

(3)

(電話を する、犬と 散歩を する)
A: 昨日 何を しましたか。

B: _____。

·단어· 電話を する 전화하다

3 주어진 말을 사용하여 〈보기〉와 같이 말해 보세요.

> **·보기·**
>
> (この ケータイ、大きい、使う)
>
> A: この ケータイは どうですか。
> B: 大きくて 使いやすいです。

(1) (この 本、字が 小さい、読む)

A: ＿＿＿＿＿＿＿＿＿＿は どうですか。

B: ＿＿＿＿＿＿＿＿＿＿＿＿＿＿＿＿＿＿＿。

(2) (この ハンバーガー、大きい、食べる)

A: ＿＿＿＿＿＿＿＿＿＿は どうですか。

B: ＿＿＿＿＿＿＿＿＿＿＿＿＿＿＿＿＿＿＿。

(3) (この お酒、甘い、飲む)

A: ＿＿＿＿＿＿＿＿＿＿は どうですか。

B: ＿＿＿＿＿＿＿＿＿＿＿＿＿＿＿＿＿＿＿。

(4) (この パソコン、簡単だ、使う)

A: ＿＿＿＿＿＿＿＿＿＿は どうですか。

B: ＿＿＿＿＿＿＿＿＿＿＿＿＿＿＿＿＿＿＿。

4 주어진 말을 사용하여 〈보기〉와 같이 말해 보세요.

·보기·

(映画を 見る)

A: 週末 何を したいですか。

B: 映画を 見たいです。

A: 一緒に 見に 行きませんか。

B: いいですね。

(1) お酒を 飲む

(2) 遊ぶ

(3) 買い物を する

(4) 旅行に 行く

·단어· 旅行に 行く 여행 가다

1 문제를 듣고 빈칸을 받아써 보세요.　　　　　🎧 43

(1) コーヒーを ＿＿＿＿＿＿＿＿＿ 行_いきましょう。

(2) ＿＿＿＿＿＿＿＿＿行_いきました。

(3) 新^{あたら}しい ＿＿＿＿＿＿＿＿＿＿＿＿＿。

(4) ＿＿＿＿＿＿＿＿＿＿＿＿＿＿＿。

2 문제를 듣고 내용에 맞는 그림을 골라 보세요.　　　　🎧 44

(1) ＿＿＿＿＿　　(2) ＿＿＿＿＿　　(3) ＿＿＿＿＿　　(4) ＿＿＿＿＿

①

②

③

④

단어 借^かりる 빌리다

쓰기 연습

다음 우리말을 일본어로 써 보세요.

1 이 요리는 만들기 쉽습니다.

_____ 。

2 이 신문은 글씨가 작아서 읽기 불편합니다.

_____ 。

3 햄버거는 먹기 좋습니다.

_____ 。

4 이 책은 어려워서 이해하기 힘듭니다. (理解^{りかい}する : 이해하다)

_____ 。

5 술은 어떻습니까? 써서 마시기 힘듭니다.

_____ 。

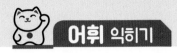

● 2그룹 동사

^す捨てる	버리다	^お落ちる	떨어지다
^で出かける	외출하다	^{こた}答える	대답하다
^{おぼ}覚える	외우다, 기억하다	^で出る	나가다, 나오다
^{おし}教える	가르치다	^{おく}遅れる	늦다
^{こわ}壊れる	부서지다, 망가지다	^{つか}疲れる	피곤하다
^き着る	입다	^な慣れる	익숙하다
^か借りる	빌리다	^{わす}忘れる	잊다
^{しら}調べる	조사하다	^{はじ}始める	시작하다
^{つた}伝える	전하다	^み見える	보이다
^い入れる	넣다	^き聞こえる	들리다
^{かんが}考える	생각하다	^み見せる	보여주다
いる	(사람/동물이) 있다	あげる	주다
かける	(전화를) 걸다	^{たお}倒れる	쓰러지다

● 한자어 + する

べんきょう 勉強する	공부하다	しつもん 質問する	질문하다
うんどう 運動する	운동하다	あんない 案内する	안내하다
さんぽ 散歩する	산책하다	ちゅうもん 注文する	주문하다
けっこん 結婚する	결혼하다	そうじ 掃除する	청소하다
うんてん 運転する	운전하다	れんしゅう 練習する	연습하다
せいかつ 生活する	생활하다	れんらく 連絡する	연락하다
ほうこく 報告する	보고하다	りょこう 旅行する	여행하다
せんたく 洗濯する	세탁하다	さんか 参加する	참가하다
やくそく 約束する	약속하다	しょくじ 食事する	식사하다
メモする	메모하다	はくしゅ 拍手する	박수치다
あいさつ 挨拶する	인사하다	ちゅうい 注意する	주의하다, 주의를 주다
りゅうがく 留学する	유학 가다	よやく 予約する	예약하다

せいとう
正答

정|답

정답 범위

❶ ～ ⓬ 과

말하기 연습, 듣기 연습, 쓰기 연습

1

はじめまして。 처음 뵙겠습니다.

말하기 연습

1

〈보기〉
A : 김 씨는 학생입니까?
B1 : 네, 학생입니다.
B2 : 아니요, 학생이 아닙니다.

(1) A : 스즈키 씨는 회사원입니까?

B1 : はい、かいしゃいんです。
네, 회사원입니다.

B2 : いいえ、かいしゃいんじゃ
ありません。
아니요, 회사원이 아닙니다.

(2) A : 그는 한국인입니까?

B1 : はい、かんこくじんです。
네, 한국인입니다.

B2 : いいえ、かんこくじんじゃ
ありません。
아니요, 한국인이 아닙니다.

(3) A : 야마다 씨는 친구입니까?

B1 : はい、ともだちです。
네, 친구입니다.

B2 : いいえ、ともだちじゃ ありません。
아니요, 친구가 아닙니다.

2

〈보기〉
A : 다나카 씨는 회사원입니까?
B : 아니요, 회사원이 아닙니다. 은행원입니다.

(1) A : 다나카 씨는 대학생입니까?

B : いいえ、だいがくせいじゃ
ありません。こうこうせいです。
아니요, 대학생이 아닙니다. 고등학생입니다.

(2) A : 야마다 씨는 선배입니까?

B : いいえ、せんぱいじゃ ありません。
ともだちです。
아니요, 선배가 아닙니다. 친구입니다.

(3) A : 김씨는 친구입니까?

B : いいえ、ともだちじゃ ありません。
かれしです。
아니요, 친구가 아닙니다. 남자친구입니다.

3

〈보기〉
A : 당신도 한국 사람입니까?
B : 네, 저도 한국 사람입니다.

A : 당신도 한국 사람입니까?
B : 아니요, 저는 한국 사람이 아닙니다. 일본 사람입니다.

(1) A : 그도 회사원입니까?

B : いいえ、かれは かいしゃいんじゃ
ありません。ぎんこういんです。
아니요, 그는 회사원이 아닙니다. 은행원입니다.

(2) A : 그녀도 디자이너입니까?

B : いいえ、かのじょは デザイナーじゃ
ありません。モデルです。

아니요, 그녀는 디자이너가 아닙니다. 모델입니다.

(3) A : 스즈키 씨도 선생님입니까?

B : はい、すずきさんも せんせいです。

네, 스즈키 씨도 선생님입니다.

듣기 연습

1 🎧10

(1) わたしは だいがくせいです。

나는 대학생입니다.

(2) たなかさんは かいしゃいんですか。

다나카 씨는 회사원입니까?

(3) キムさんは ぎんこういんでは
ありません。

김 씨는 은행원이 아닙니다.

(4) わたしも かんこくじんです。

저도 한국사람입니다.

2 🎧11

(1) ① 　　(2) ④ 　　(3) ② 　　(4) ③

(1) わたしは がくせいです。
にほんじんです。

나는 학생입니다. 일본인입니다.

(2) わたしは いしゃです。
ちゅうごくじんです。

나는 의사입니다. 중국인입니다.

(3) わたしは やきゅうせんしゅです。
アメリカじんです。

나는 야구선수입니다. 미국인입니다.

(4) わたしは かいしゃいんです。
カナダじんです。

나는 회사원입니다. 캐나다인입니다.

쓰기 연습

1. あなたは かいしゃいんですか。
2. すずきさんは せんぱいですか。
3. かれは いしゃですか。
ぎんこういんですか。
4. わたしは にほんじんじゃ ありません。
かんこくじんです。
5. かのじょも ともだちですか。

2

これは なんですか。 이것은 무엇입니까?

말하기 연습

1

〈보기〉

A : 이것은 전화입니까?

B₁ : 네, 전화입니다.

B₂ : 아니요, 전화가 아닙니다.

(1) A : 이것은 책입니까?

　　B₁ : はい、(それは) ほんです。

　　　　네, (그것은) 책입니다.

　　B₂ : いいえ、(それは) ほんじゃ

　　　　ありません。 아니요, (그것은) 책이 아닙니다.

(2) A : 이것은 시계입니까?

　　B₁ : はい、(それは) とけいです。

　　　　네, (그것은) 시계입니다.

　　B₂ : いいえ、(それは) とけいじゃ

　　　　ありません。

　　　　아니요, (그것은) 시계가 아닙니다.

(3) A : 저것은 신문입니까?

　　B₁ : はい、(あれは) しんぶんです。

　　　　네, (저것은) 신문입니다.

　　B₂ : いいえ、(あれは) しんぶんじゃ

　　　　ありません。

　　　　아니요, (저것은) 신문이 아닙니다.

2

〈보기〉

A : 이곳은 학교입니까?

B : 아니요, 학교가 아닙니다. 회사입니다.

(1) A : 이곳은 회사입니까?

　　B : いいえ、かいしゃじゃ ありません。

　　　　ぎんこうです。

　　　　아니요, 회사가 아닙니다. 은행입니다.

(2) A : 그곳은 대학입니까?

　　B : いいえ、だいがくじゃ ありません。

　　　　びょういんです。

　　　　아니요, 대학이 아닙니다. 병원입니다.

(3) A : 저기는 빵집입니까?

　　B : いいえ、パンやじゃ ありません。

　　　　はなやです。

　　　　아니요, 빵집이 아닙니다. 꽃집입니다.

3

〈보기〉

하나코 : 이 가방은 다나카 씨의 것입니까?

다나카 : 아니요, 제 가방이 아닙니다.

　　　　스즈키 씨의 것입니다.

(1) 하나코 : 이 핸드폰은 다나카 씨의 것입니까?

　　たなか : いいえ、わたしの ケータイ

　　　　　　じゃ ありません。さとうさんの

　　　　　　です。

　　다나카 : 아니요, 제 핸드폰이 아닙니다.

　　　　　　사토우 씨의 것입니다.

(2) 하나코 : 그 우산은 이 씨의 것입니까?

　　たなか : いいえ、イさんの かさじゃ

　　　　　　ありません。キムさんのです。

　　다나카 : 아니요, 이 씨의 우산이 아닙니다. 김 씨의 것입니다.

(3) 하나코 : 저 안경은 최 씨의 것입니까?

　　たなか : いいえ、チェさんの めがねじゃ

　　　　　　ありません。ゆうこさんのです。

　　다나카 : 아니요, 최 씨의 안경이 아닙니다.

　　　　　　유우코 씨의 것입니다.

4

だれ	どれ	いつ	なん	どこ
누구	어느것	언제	무엇	어디

〈보기〉
A : 이것은 (무엇)입니까?
B : 가방입니다.

(1) A : **あれは (なん)ですか。**
저것은 무엇입니까?

B : **ケ-タイです。** 핸드폰입니다.

(2) A : **たなかさんは (だれ)ですか。**
다나카 씨는 누구입니까?

B : **わたしです。** 접니다.

(3) A : **あそこは (どこ)ですか。**
저기는 어디입니까?

B : **がっこうです。** 학교입니다.

(4) A : **さとうさんの とけいは
(どれ)ですか。**
사토우 씨의 시계는 어느 것입니까?

B : **これです。** 이것입니다.

듣기 연습

1 🎧13

(1) **この かさは わたしのです。**
이 우산은 제 것입니다.

(2) **デパートは どこですか。**
백화점은 어디입니까?

(3) **これは だれの ほんですか。**
이것은 누구의 책입니까?

(4) **ここは かいしゃじゃ ありません。**
이곳은 회사가 아닙니다.

2 🎧14

(1) ③　(2) ②　(3) ①　(4) ④

(1) A : **これは なんですか。**
이것은 무엇입니까?

B : **たなかさんの かばんです。**
다나카 씨의 가방입니다.

(2) A : **これは だれのですか。**
이것은 누구의 것입니까?

B : **あゆみさんの ぎゅうにゅうです。**
아유미 씨의 우유입니다.

(3) A : **よしださんのは 何ですか。**
요시다 씨의 것은 무엇입니까?

B : **とけいです。** 시계입니다.

(4) A : **かさは だれのですか。**
우산은 누구의 것입니까?

B : **すずきさんのです。**
스즈키 씨의 것입니다.

쓰기 연습

1. **この かさは わたしの かさじゃ
ありません。**

2. **ここは がっこうです。**

3. **これは なんですか。とけいです。**

4. **やまださんの ほんですか。
いいえ、たなかさんのです。**

5. **この コーヒーは だれの
コーヒーですか。**

3

今、何時ですか。 지금 몇 시입니까?
_{いま} _{なんじ}

말하기 연습

1

> 핸드폰 번호는 몇 번입니까?

(1) ぜろいちぜろの　さんさんきゅうぜろの
　　いちにさんよんです。
(2) ぜろいちぜろの　ごよんにいちの
　　はちきゅうきゅうななです。
(3) ぜろいちぜろの　ろくはちぜろきゅうの
　　よんよんごごです。
(4) ぜろいちぜろの　ごきゅうはちぜろの
　　にいちよんななです。

2

> 지금, 몇 시입니까?

(1) よじです。4시입니다.
(2) しちじです。7시입니다.
(3) くじ さんじゅっぷん / くじ はんです。
　　9시 30분/9시 반입니다.
(4) じゅういちじ じゅうごふんです。
　　11시 15분입니다.

3

> 〈보기〉
> A : 학교는 몇 시부터 몇 시까지입니까?
> B : 오전 9시부터 오후 6시까지입니다.

(1) A : 은행은 몇 시부터 몇 시까지입니까?
　　B : 午前 9時から 午後 4時までです。
　　　　_{ごぜん} _{くじ} _{ごご} _{よじ}
　　오전 9시부터 오후 4시까지입니다.

(2) A : 일은 몇 시부터 몇 시까지입니까?
　　B : 午前 8時から 午後 5時 半まで
　　　　_{ごぜん} _{はちじ} _{ごご} _{ごじ} _{はん}
　　です。 오전 8시부터 오후 5시 반까지입니다.

(3) A : 점심시간은 몇 시부터 몇 시까지입니까?
　　B : 11時 50分から 12時 50分までです。
　　　　_{じゅういちじ} _{ごじゅっぷん} _{じゅうにじ} _{ごじゅっぷん}
　　11시 50분부터 12시 50분까지입니다.

듣기 연습

1 🎧16

(1) バイトは 9時から 5時までです。
　　　　　　_{くじ} _{ごじ}
　　아르바이트는 9시부터 5시까지입니다.

(2) ケータイの 番号は
　　　　　　　_{ばんごう}
　　010 － 5678 － 9087 です。
　　ぜろいちぜろ の ごろくななはち の きゅうぜろはちなな
　　핸드폰 번호는 010-5678-9087입니다.

(3) 銀行は 9時から 午後 4時までです。
　　_{ぎんこう} _{くじ} _{ごご} _{よじ}
　　은행은 9시부터 오후 4시까지입니다.

(4) 今、何時ですか。지금, 몇 시입니까?
　　_{いま} _{なんじ}

2 🎧17

(1) ① (2) ② (3) ① (4) ②

---

(1) A : 仕事は 何時から 何時までですか。

일은 몇 시부터 몇 시까지입니까?

B : 9時から 6時までです。

9시부터 6시까지입니다.

(2) A : デパートは 何時までですか。

백화점은 몇 시까지입니까?

B : 8時 半までです。

8시 반까지입니다.

(3) A : スーパーは 何時からですか。

슈퍼마켓은 몇 시부터입니까?

B : 午前 6時からです。

오전 6시부터입니다.

(4) A : キムさんの ケータイの 番号は 何番ですか。

김 씨의 핸드폰 번호는 몇 번입니까?

B : 010－3394－8563

ぜろいちぜろーさんさんきゅうよんーはちごろくさんです。

쓰기 연습

1. 授業は 何時から 何時までですか。
2. 昼休みは 12時からです。
3. 会議は 3時から 5時 30分までです。
4. 銀行は 午前 9時から 午後 4時までです。
5. テストは 6時 30分から 7時 15分までです。

4

いい 天気ですね。 날씨가 좋네요.

말하기 연습

1

〈보기〉

A : 이 컴퓨터는 무겁습니까?

B1 : 네, 무겁습니다.

B2 : 아니요, 무겁지 않습니다.

(1) A : 이 주스는 답니까?

B1 : はい、甘いです。 네, 답니다.

B2 : いいえ、甘く ないです。

아니요, 달지 않습니다.

(2) A : 오늘은 따뜻합니까?

B1 : はい、暖かいです。

네, 따뜻합니다.

B2 : いいえ、暖かく ないです。

아니요, 따뜻하지 않습니다.

(3) A : 이 옷은 예쁩니까?

B1 : はい、かわいいです。

네, 예쁩니다.

B2 : いいえ、かわいく ないです。

아니요, 예쁘지 않습니다.

2

〈보기〉

A : 역은 가깝습니까?

B : <u>아니요, 가깝지 않습니다. 멉니다.</u>

(1) A : 과장님의 핸드폰은 새것입니까?

　B : いいえ、<ruby>新<rt>あたら</rt></ruby>しく ないです。
　<ruby>古<rt>ふる</rt></ruby>いです。

　아니요, 새것이 아닙니다. 오래되었습니다.

(2) A : 스즈키 씨의 가방은 큽니까?

　B : いいえ、<ruby>大<rt>おお</rt></ruby>きく ないです。
　<ruby>小<rt>ちい</rt></ruby>さいです。

　아니요, 크지 않습니다. 작습니다.

(3) A : 업무는 적습니까?

　B : いいえ、<ruby>少<rt>すく</rt></ruby>なく ないです。<ruby>多<rt>おお</rt></ruby>いです。

　아니요, 적지 않습니다. 많습니다.

3

〈보기〉

A : 이것은 어떤 영화입니까?

B : <u>재미있는 영화입니다.</u>

(1) A : 저것은 어떤 요리입니까?

　B : <ruby>辛<rt>から</rt></ruby>い <ruby>料理<rt>りょうり</rt></ruby>です。

　매운 요리입니다.

(2) A : 다나카 씨는 어떤 사람입니까?

　B : かっこいい <ruby>人<rt>ひと</rt></ruby>です。

　멋진 사람입니다.

(3) A : 후지산은 어떤 산입니까?

　B : <ruby>高<rt>たか</rt></ruby>い <ruby>山<rt>やま</rt></ruby>です。

　높은 산입니다.

4

〈보기〉

A : 이 컴퓨터는 어떻습니까?

B : <u>작고 가볍습니다.</u>

A : 이 컴퓨터는 어떻습니까?

B : <u>작지만, 무겁습니다.</u>

(1) A : 다나카 씨는 어떻습니까?

　B : かっこよくて やさしいです。

　멋지고 상냥합니다.

(2) A : 저 책은 어떻습니까?

　B : <ruby>難<rt>むずか</rt></ruby>しくて おもしろく ないです。

　어렵고 재미없습니다.

(3) A : 이 방은 어떻습니까?

　B : この <ruby>部屋<rt>へや</rt></ruby>は <ruby>狭<rt>せま</rt></ruby>いですが、<ruby>明<rt>あか</rt></ruby>るいです。

　이 방은 좁지만, 밝습니다.

듣기 연습

1 🎧19

(1) <ruby>彼<rt>かれ</rt></ruby>は おもしろくて やさしいです。

　그는 재미있고 상냥합니다.

(2) この <ruby>料理<rt>りょうり</rt></ruby>は <ruby>辛<rt>から</rt></ruby>いですが、

　おいしいです。

　이 요리는 맵지만, 맛있습니다.

(3) <ruby>仕事<rt>しごと</rt></ruby>は どうですか。

　일은 어떻습니까?

(4) <ruby>冬<rt>ふゆ</rt></ruby>は <ruby>寒<rt>さむ</rt></ruby>いです。

　겨울은 춥습니다.

2 🎧20

(1) ① (2) ④ (3) ③ (4) ②

> (1) A : これは 何ですか。
>
> 이것은 무엇입니까?
>
> B : 辛いですが、おいしいです。
>
> 맵지만, 맛있습니다.
>
> (2) A : これは 何ですか。
>
> 이것은 무엇입니까?
>
> B : 速くて 人が 多いです。
>
> 빠르고 사람이 많습니다.
>
> (3) A : これは 何ですか。
>
> 이것은 무엇입니까?
>
> B : 甘くて おいしいです。
>
> 달고 맛있습니다.
>
> (4) A : これは 何ですか。
>
> 이것은 무엇입니까?
>
> B : 小さいですが、高いです。
>
> 작지만, 비쌉니다.

쓰기 연습

1. 会社は 家から 近いですか。
2. この 時計は とても 高いです。
3. 今日は 天気が よく ないです。
4. 日本語は 少し 難しいですが、
   おもしろいです。
5. あそこは 安くて おいしい 店です。

5

一緒に 昼ごはんは どうですか?

같이 점심 식사는 어떻습니까?

말하기 연습

1

> 〈보기〉
>
> A : 김 씨는 건강하십니까?
>
> B1 : 네, 건강합니다.
>
> B2 : 아니요, 건강하지 않습니다.

(1) A : 다나카 씨의 방은 깨끗합니까?

　 B1 : はい、きれいです。 네, 깨끗합니다.

　 B2 : いいえ、きれいじゃ ないです。

　　　 아니요, 깨끗하지 않습니다.

(2) A : 그 가게는 친절합니까?

　 B1 : はい、親切です。 네, 친절합니다.

　 B2 : いいえ、親切じゃ ないです。

　　　 아니요, 친절하지 않습니다.

(3) A : 오늘은 한가합니까?

　 B1 : はい、暇です。 네, 한가합니다.

　 B2 : いいえ、暇じゃ ないです。

　　　 아니요, 한가하지 않습니다.

(4) A : 김 씨는 성실합니까?

　 B1 : はい、まじめです。 네, 성실합니다.

　 B2 : いいえ、まじめじゃ ないです。

　　　 아니요, 성실하지 않습니다.

2

> 〈보기〉
> A : 김 씨의 방은 깨끗합니까?
> B : 아니요, 그다지 깨끗하지 않습니다. 더럽습니다.

(1) A : 새로운 일은 힘듭니까?
　　B : いいえ、あまり 大変じゃ ないです。
　　　　楽しいです。
　　아니요, 그다지 힘들지 않습니다. 즐겁습니다.

(2) A : 중국어는 간단합니까?
　　B : いいえ、あまり 簡単じゃ ないです。
　　　　難しいです。
　　아니요, 그다지 간단하지 않습니다. 어렵습니다.

(3) A : 청소를 좋아합니까?
　　B : いいえ、あまり 好きじゃ ないです。
　　　　嫌いです。
　　아니요, 그다지 좋아하지 않습니다. 싫어합니다.

(4) A : 이번 주는 한가합니까?
　　B : いいえ、あまり 暇じゃ ないです。
　　　　忙しいです。
　　아니요, 그다지 한가하지 않습니다. 바쁩니다.

3

> 〈보기〉
> A : 김 씨는 어떤 사람입니까?
> B : 親切한 사람입니다.

(1) A : 이곳은 어떤 가게입니까?
　　B : 有名な 店です。 유명한 가게입니다.

(2) A : 사장님의 자동차는 어떤 자동차입니까?
　　B : すてきな 車です。
　　멋진 자동차입니다.

(3) A : 저기는 어떤 공원입니까?
　　B : 静かな 公園です。
　　조용한 공원입니다.

(4) A : 김 씨의 아들은 어떤 아이입니까?
　　B : 元気な 子どもです。
　　건강한 아이입니다.

4

> 〈보기〉
> A : 이 컴퓨터는 어떻습니까?
> B : 편리하고 디자인이 좋습니다.
>
> A : 이 컴퓨터는 어떻습니까?
> B : 편리하지만, 오래되었습니다.

(1) A : 이 시계는 어떻습니까?
　　B : すてきですが、高いです。
　　멋지지만, 비쌉니다.

(2) A : 서울의 지하철은 어떻습니까?
　　B : 便利で 速いです。
　　편리하고 빠릅니다.

(3) A : 저 레스토랑은 어떻습니까?
　　B : おしゃれですが、高いです。
　　멋지지만, 비쌉니다.

(4) A : 한강공원은 어떻습니까?
　　B : 静かで 広いです。
　　조용하고 넓습니다.

5

<보기>

A : ①生鮮膾를 ②좋아합니까?
B : 네, ②좋아합니다.
A : 왜 그런가요?
B : ③신선하고 맛있기 때문입니다.

(1) A : ①お酒が ②嫌いですか。

술을 싫어합니까?

B : はい、②嫌いです。

네, 싫어합니다.

A : どうしてですか。

왜 그런가요?

B : ③苦くて おいしく ないからです。

쓰고 맛이 없기 때문입니다.

(2) A : ①スポーツが ②嫌いですか。

스포츠를 싫어합니까?

B : はい、②嫌いです。

네, 싫어합니다.

A : どうしてですか。

왜 그런가요?

B : ③下手で おもしろく ないからです。

서툴고 재미없기 때문입니다.

(3) A : ①イさんが ②好きですか。

이 씨를 좋아합니까?

B : はい、②好きです。네, 좋아합니다.

A : どうしてですか。왜 그런가요?

B : ③背が 高くて ハンサムだからです。

키가 크고 잘생겼기 때문입니다.

(4) A : ①果物が ②好きですか。

과일을 좋아합니까?

B : はい、②好きです。네, 좋아합니다.

A : どうしてですか。왜 그런가요?

B : ③体に よくて おいしいからです。

몸에 좋고 맛있기 때문입니다.

듣기 연습

1 🎧22

(1) キムさんは まじめで 親切です。

김 씨는 성실하고 친절합니다.

(2) ここは 静かで いいです。

이곳은 조용하고 좋습니다.

(3) この 部屋は きれいで 明るいです。

이 방은 깨끗하고 밝습니다.

(4) 地下鉄は 速くて 便利です。

지하철은 빠르고 편리합니다.

2 🎧23

(1) ①　　(2) ②　　(3) ①　　(4) ②

(1) A : いつが いいですか。언제가 좋습니까?

B : 冬は 寒いですから 夏が いいです。

겨울은 춥기 때문에 여름이 좋습니다.

(2) A : 何が 便利ですか。무엇이 편리합니까?

B : 地下鉄は 速いですが、人が 多いです。バスが 速くて 便利です。

지하철은 빠르지만, 사람이 많습니다. 버스가 빠르고 편리합니다.

正答 (せいとう)

(3) A : どちらが 簡単(かんたん)ですか。

어느 쪽이 간단합니까?

B : 中国語(ちゅうごくご)は 漢字(かんじ)が 多(おお)いですから、英語(えいご)が 簡単(かんたん)です。

중국어는 한자가 많기 때문에 영어가 간단합니다.

(4) A : 誰(だれ)が 好(す)きですか。 누구를 좋아합니까?

B : 私は おもしろい 人(ひと)が 好(す)きです。

キムさんより イさんが おもしろいです。

저는 재미있는 사람을 좋아합니다.
김 씨보다 이 씨가 재미있습니다.

쓰기 연습

1. 日本語(にほんご)の 先生(せんせい)は きれいで 親切(しんせつ)です。
2. 彼(かれ)は とても まじめです。
3. 彼女(かのじょ)は 英語(えいご)が とても 上手(じょうず)です。
4. 甘(あま)いものは あまり 好(す)きじゃ ないですが、ケーキは 好(す)きです。
5. この パソコンは 小(ちい)さくて 便利(べんり)ですが、速(はや)くないです。

6

いくらですか。 얼마입니까?

말하기 연습

1

〈보기〉

A : 피자는 얼마입니까?

B : 2,350엔입니다.

(1) A : 스파게티는 얼마입니까?

B : せん はっぴゃく ろくじゅう えんです。 1,860엔입니다.

(2) A : 샐러드는 얼마입니까?

B : きゅうひゃく はちじゅう えんです。 980엔입니다.

(3) A : 메밀국수는 얼마입니까?

B : ななひゃく ろくじゅう えんです。 760엔입니다.

(4) A : 모닝세트는 얼마입니까?

B : せん よんひゃく きゅうじゅう えんです。 1,490엔입니다.

2

〈보기〉

책 3권

(1) 5本(ごほん) 5자루
(2) 9枚(きゅうまい) 9장
(3) 3本(さんぼん) 3병
(4) 6本(ろっぽん) 6그루
(5) 1人(ひとり) 한 사람
(6) 10枚(じゅうまい) 10장

3

〈보기〉

点員: 어서 오십시오, 몇 분이십니까?

손님: 3명입니다.

　　저, 죄송합니다. 스파게티는 얼마인가요?

点員: 550엔입니다.

손님: 커피는 얼마인가요?

点員: 265엔입니다.

손님: 스파게티 하나와 커피 두 잔 부탁합니다.

点員: 전부 1,080엔입니다.

(1) 店員：いらっしゃいませ。
何名様ですか。

어서 오십시오, 몇 분이십니까?

お客：2人です。

あの、すみません。

ドーナツは いくらですか。

2명입니다. 저, 죄송합니다. 도넛은 얼마인가요?

店員：130円です。130엔입니다.

お客：アイスティーは いくらですか。

아이스티는 얼마인가요?

店員：150円です。150엔입니다.

お客：ドーナツ ふたつと アイスティー
ふたつ お願いします。

도넛 2개와 아이스티 2잔 두 잔 부탁합니다.

店員：全部で 560円です。

전부 560엔입니다.

(2) 店員：いらっしゃいませ。
何名様ですか。

어서 오십시오, 몇 분이십니까?

お客：3人です。

あの、すみません。

ラーメンは いくらですか。

3명입니다. 저, 죄송합니다. 라면은 얼마인가요?

店員：670円です。670엔입니다.

お客：ビールは いくらですか。

맥주는 얼마인가요?

店員：280円です。280엔입니다.

お客：ラーメン みっつと ビール ふたつ
お願いします。

라면 3개와 맥주 2잔 부탁합니다.

店員：全部で 2、570円です。

전부 2,570엔입니다.

(3) 店員：いらっしゃいませ。何名様ですか。

어서 오십시오, 몇 분이십니까?

お客：1人です。

あの、すみません。

ハンバーガーは いくらですか。

한 사람입니다. 저, 죄송합니다. 햄버거는 얼마인가요?

店員：380円です。380엔입니다.

お客：コーラは いくらですか。

콜라는 얼마인가요?

店員：170円です。170엔입니다.

お客：ハンバーガー ひとつと コーラ
ひとつ お願いします。

햄버거 1개와 콜라 1잔 부탁합니다.

店員：全部で 550円です。

전부 550엔입니다.

(4) 店員：いらっしゃいませ。
何名様ですか。

어서 오십시오, 몇 분이십니까?

お客：2人です。

あの、すみません。

ショートケーキは いくらですか。

2명입니다. 저, 죄송합니다. 조각 케이크는 얼마입니까?

店員：450円です。450엔입니다.

正答

お客：オレンジジュースは いくらですか。

オレンジジュースは いくらですか。

オレンジ주스는 얼마입니까?

店員：２９０円です。 290엔입니다.

お客：ショートケーキ ひとつと オレンジ
ジュース ふたつ お願いします。

조각 케이크 하나와 오렌지 주스 2잔 부탁합니다.

店員：全部で 1、030円です。

전부 1,030엔입니다.

듣기 연습

1 🎧25

(1) ケーキ ふたつと コーヒー ひとつ
ください。

케이크 2개와 커피 한잔 주세요.

(2) いくらですか。

얼마입니까?

(3) １２、８９０円です。

12,890엔입니다.

(4) りんご ふたつと みかん よっつですか
ら、全部で むっつです。

사과 2개와 귤 4개이니까, 전부 6개입니다.

2 🎧26

(1) ふたつ + ふたつ = よっつ

사과 2 + 귤 2 = 4

(2) ひとつ + ふたつ = みっつ

케이크 1 + 커피 2 = 3

(3) みっつ + みっつ = むっつ

스파게티 3 + 주스 3 = 6

(4) いつつ + ふたつ = ななつ

삼각김밥 5 + 물 2 = 7

(5) むっつ + みっつ = ここのつ

햄버거 6 + 콜라 3 = 9

(6) よっつ + みっつ = ななつ

바나나 4 + 토마토 3 = 7

(1) りんご ふたつと みかん ふたつ
ください。 사과 2개랑 귤 2개 주세요.

(2) ケーキ ひとつと コーヒー ふたつ
ください。 케이크 하나랑 커피 2잔 주세요.

(3) スパゲッティ みっつと ジュース みっつ
ください。 스파게티 3개랑 주스 3잔 주세요.

(4) おにぎり いつつと 水 ふたつ ください。
삼각김밥 5개랑 물 2병 주세요.

(5) ハンバーガー むっつと コーラ みっつ
ください。 햄버거 6개랑 콜라 3잔 주세요.

(6) バナナ よっつと トマト みっつ
ください。 바나나 4개랑 토마토 3개 주세요.

쓰기 연습

1. この 赤い かさは いくらですか。
2. 全部で 13、800円です。
3. この 小さい かばんは 6、600円です。
4. ケーキと コーヒー ひとつずつ
ください。
5. これ 11個 ください。

210 한 번에 끝내는 **일본어 첫걸음**

7

デートは どうでしたか。
데이트는 어땠습니까?

말하기 연습

1

〈보기〉

A : 이 우산은 비쌌습니까?

B₁ : 네, 비쌌습니다.

B₂ : 아니요, 비싸지 않았습니다.

(1) A : 일본은 더웠습니까?

B₁ : はい、暑かったです。 네, 더웠습니다.

B₂ : いいえ、暑く なかったです。
아니요, 덥지 않았습니다.

(2) A : 주말은 즐거웠습니까?

B₁ : はい、楽しかったです。 네, 즐거웠습니다.

B₂ : いいえ、楽しく なかったです。
아니요, 즐겁지 않았습니다.

(3) A : 아이스크림은 달았습니까?

B₁ : はい、甘かったです。 네, 달았습니다.

B₂ : いいえ、甘く なかったです。
아니요, 달지 않았습니다.

(4) A : 지난주에는 일이 많았습니까?

B₁ : はい、多かったです。 네, 많았습니다.

B₂ : いいえ、多く なかったです。
아니요, 많지 않았습니다.

2

〈보기〉

A : 역은 깨끗했습니까?

B : 아니요, 깨끗하지 않았습니다. 더러웠습니다.

(1) A : 이 컴퓨터는 편리했습니까?

B : いいえ、便利じゃ ありませんでした。不便でした。
아니요, 편리하지 않았습니다. 불편했습니다.

(2) A : 테스트는 간단했습니까?

B : いいえ、簡単じゃなかったです。難しかったです。
아니요, 간단하지 않았습니다. 어려웠습니다.

(3) A : 김 씨는 친절했습니까?

B : いいえ、親切じゃ ありませんでした。不親切でした。
아니요, 친절하지 않았습니다. 불친절했습니다.

(4) A : 요리는 좋아했습니까?

B : いいえ、好きじゃ なかったです。嫌いでした。
아니요, 좋아하지 않았습니다. 싫어했습니다.

3

〈보기〉

A : 그곳은 어떤 회사였습니까?

B : 훌륭한 회사였습니다.

(1) A : 이 씨는 어떤 사람이었습니까?

B : 真面目な ひとでした。
성실한 사람이었습니다.

(2) A : 저것은 어떤 영화였습니까?
   B : 怖い 映画でした。
      こわ えい が

   무서운 영화였습니다.

(3) A : 그것은 어떤 자동차였습니까?
   B : 丈夫な 車でした。
      じょう ぶ くるま

   튼튼한 자동차였습니다.

(4) A : 프랑스는 어떤 나라였습니까?
   B : すてきな 国でした。
               くに

   멋진 나라였습니다.

4

〈보기〉

A : 오늘은 몇 월 며칠입니까?
B : 4월 10일입니다.

(1) A : 생일은 언제입니까?
   B : 7月 24日です。
      しちがつ にじゅうよっか

   7월 24일입니다.

(2) A : 어린이날은 언제입니까?
   B : 5月 5日です。 5월 5일입니다.
      ごがつ いつか

(3) A : 시험은 며칠부터 며칠까지입니까?
   B : 4月 29日から 5月 4日までです。
      しがつ にじゅうくにち ごがつ よっか

   4월 29일부터 5월 4일까지입니다.

(4) A : 작년 여름방학은 언제였습니까?
   B : 8月 10日から 8月 17日まででした。
      はちがつ とおか はちがつ じゅうしちにち

   8월 10일부터 8월 17일까지였습니다.

5

〈보기〉

A : 여행은 어땠습니까?
B : 즐겁고 재미있었습니다.

A : 여행은 어땠습니까?
B : 재미있었습니다만, 힘들었습니다.

(1) A : 다나카 씨는 10년 전에 어땠습니까?
   B : マナーが よくて ハンサムでした。

   매너가 좋고 멋졌습니다.

(2) A : 여름방학은 어땠습니까?
   B : 大変でしたが、
      たいへん
      楽しかったです。
      たの

   힘들었지만, 즐거웠습니다.

(3) A : 출장은 어땠습니까?
   B : 忙しかったですが、
      いそが
      成果がよかったです。
      せい か

   바빴지만, 성과가 좋았습니다.

(4) A : 시험은 어땠습니까?
   B : 漢字が 多くて 難しかったです。
      かんじ おお むずか

   한자가 많아서 어려웠습니다.

* 형용사나 명사를 과거시제로 말할 때, '～하고, ～해서'로 연결할 때는 마지막 단어만 과거형으로 바꾸고, '～지만'으로 연결할 때는 앞과 뒤를 모두 과거형으로 바꿉니다.

<table>
<tr><td colspan="2">

듣기 연습

1 🎧28

(1) 先週は とても 忙しかったです。

지난주에는 매우 바빴습니다.

(2) あの 町は にぎやかじゃ ありませんで
した。

저 마을은 번화하지 않았습니다.

(3) ケーキは おいしく なかったです。

케이크는 맛이 없었습니다.

(4) 今日は 4月 7日です。

오늘은 4월 7일입니다.

2 🎧29

(1) ① → ②	(2) ④ → ⑦
(3) ⑧ → ⑤	(4) ⑥ → ③

(1) 先週は 忙しかったですが、
今は 暇です。

지난주는 바빴습니다만, 지금은 한가합니다.

(2) 10年前は 背が 低かったですが、
今は 背が 高いです。

10년 전에는 키가 작았습니다만, 지금은 키가 큽니다.

(3) 昼は にぎやかでしたが、
今は 静かです。

낮에는 번화했습니다만, 지금은 조용합니다.

(4) 前は きれいでしたが、
今は 汚いです。

전에는 깨끗했습니다만, 지금은 더럽습니다.

</td><td>

쓰기 연습

1. 先週末は 少し 寒かったですが(けど)、
天気は よかったです。

2. 前は 英語が 上手じゃ なかったです。
でも、今は 上手です。

3. 10年前は 大学生でしたが、今は 会社員
です。

4. 昨日は 4月 7日 水曜日でした。

5. 試験(テスト)は 6月 3日から 6月 6日ま
ででした。

8

何が 一番 おいしいですか。

무엇이 가장 맛있습니까?

말하기 연습

1

〈보기〉

A : 딸기와 사과 중에서 어느 쪽을 좋아합니까?

B : 딸기보다 사과를 좋아합니다.

(1) A : 日本語と 中国語と どちらが
簡単ですか。

일본어와 중국어 중에서 어느 쪽이 간단합니까?

B : 中国語より 日本語の 方が 簡単です。

중국어보다 일본어가 간단합니다.

</td></tr>
</table>

(2) A：パンと お菓子と どちらが
好きですか。

빵과 과자 중에서 어느 쪽을 좋아합니까?

B：パンより お菓子の 方が 好きです。

빵보다 과자를 좋아합니다.

(3) A：バスと 地下鉄と どちらが
速いですか。

버스와 지하철 중에서 어느 쪽이 빠릅니까?

B：バスより 地下鉄の 方が 速いです。

버스보다 지하철이 빠릅니다.

(4) A：野球と サッカーと どちらが
上手ですか。

야구와 축구 중에서 어느 쪽을 잘 합니까?

B：野球より サッカーの 方が
上手です。

야구보다 축구를 잘 합니다.

2

〈보기〉

A：①개와 ②고양이 중에서 어느 쪽을 ③좋아합니까?

B：①개보다 ②고양이를 ③좋아합니다.

A：왜 그런가요?

B：④귀엽기 때문입니다.

(1) A：①みかんと ②すいかと どちらが
③好きですか。

귤과 수박 중에서 어느 쪽을 좋아합니까?

B：①みかんより ②すいかの 方が
③好きです。

귤보다 수박을 좋아합니다.

A：どうしてですか。

왜 그런가요?

B：④甘いものが 好きだからです。

단 것을 좋아하기 때문입니다.

(2) A：①冬と ②夏と どちらが
③好きですか。

겨울과 여름 중에서 어느 쪽을 좋아합니까?

B：①冬より ②夏の 方が ③好きです。

겨울보다 여름을 좋아합니다.

A：どうしてですか。

왜 그런가요?

B：④水泳が 好きだからです。

수영을 좋아하기 때문입니다.

(3) A：①アイスと ②ホットと どちらが
③好きですか。

아이스와 뜨거운 것 중에서 어느 쪽을 좋아합니까?

B：①アイスより ②ホットの 方が
③好きです。

아이스보다 뜨거운 것을 좋아합니다.

A：どうしてですか。

왜 그런가요?

B：④ホットが おいしいからです。

뜨거운 것이 맛있기 때문입니다.

(4) A：①バスと ②地下鉄と どちらが
③便利ですか。

버스와 지하철 중에서 어느 쪽이 편리합니까?

B：①バスより ②地下鉄の 方が
③便利です。

버스보다 지하철이 편리합니다.

A：どうしてですか。

왜 그런가요?

B：④駅が 近いからです。

역이 가깝기 때문입니다.

3

〈보기〉

A : 과일 중에서 무엇을 가장 좋아합니까?

B : 사과를 제일 좋아합니다.

(1) A : 料理の 中で 何が 一番 おいしいですか。

요리 중에서 무엇이 가장 맛있습니까?

B : プルコギが 一番 おいしいです。

불고기가 가장 맛있습니다.

(2) A : クラスの 中で だれが 一番 背が 高いですか。

반에서 누가 가장 키가 큽니까?

B : 田中さんが 一番 高いです。

다나카 씨가 가장 큽니다.

(3) A : 一週間の 中で いつが 一番 忙しいですか。

일주일 중에서 언제가 가장 바쁩니까?

B : 月曜日が 一番 忙しいです。

월요일이 가장 바쁩니다.

(4) A : 韓国の 中で どこが 一番 有名ですか。

한국에서 어디가 가장 유명합니까?

B : ソウルが 一番 有名です。

서울이 가장 유명합니다.

4

〈보기〉

A : ①계절 중에서 ②언제를 가장 좋아합니까?

B : ③봄을 가장 좋아합니다.

A : 왜 그런가요?

B : ④꽃이 많기 때문입니다.

(1) A : ①果物の 中で ②何が 一番 好きですか。

과일 중에서 무엇을 가장 좋아합니까?

B : ③いちごが 一番 好きです。

딸기를 가장 좋아합니다.

A : どうしてですか。

왜 그런가요?

B : ④甘くて おいしいからです。

달고 맛있기 때문입니다.

(2) A : ①スポーツの 中で ②何が 一番 好きですか。

스포츠 중에서 무엇을 가장 좋아합니까?

B : ③サッカーが 一番 好きです。

축구를 제일 좋아합니다.

A : どうしてですか。

왜 그런가요?

B : ④上手だからです。

잘하기 때문입니다.

(3) A : ①クラスの 中で ②誰が 一番 好きですか。

반에서 누구를 가장 좋아합니까?

B : ③田中さんが 一番 好きです。

다나카 씨를 가장 좋아합니다.

A : どうしてですか。

왜 그런가요?

B:④ハンサムで やさしいからです。

잘생겼고 자상하기 때문입니다.

(4) A:①一週間の 中で ②いつが 一番
いっしゅうかん   いちばん

好きです か。
す

일주일 중에서 언제를 가장 좋아합니까?

B:③金曜日が 一番 好きです。
きんようび   いちばん す

금요일을 가장 좋아합니다.

A:どうしてですか。

왜 그런가요?

B:④次の 日が 休みだからです。
つぎ ひ   やす

다음 날이 휴일이기 때문입니다.

듣기 연습

1 🎧31

(1) 野球と サッカーと どちらが
や きゅう

おもしろいですか。

야구와 축구 중에서 어느 쪽이 재미있습니까?

(2) おいしいから いちごより りんごの
ほう す

方が 好きです。

맛있기 때문에 딸기보다 사과를 좋아합니다.

(3) 韓国の 中で どこが 一番 有名ですか。
かんこく なか   いちばん ゆうめい

한국에서 어디가 가장 유명합니까?

(4) 歌手の 中で 誰が 一番 好きですか。
か しゅ なか だれ いちばん す

가수 중에서 누구를 가장 좋아합니까?

2 🎧32

(1) ①　　(2) ②　　(3) ③　　(4) ②

(1) A:乗り物の 中で 何が 一番 速いですか。
の もの なか なに いちばん はや

탈 것 중에서 무엇이 가장 빠릅니까?

B:飛行機が 一番 速いです。
ひこうき   いちばん はや

비행기가 가장 빠릅니다.

(2) A:バナナと いちごと どちらが
す

好きですか。

바나나와 딸기 중에서 어느 쪽이 좋습니까?

B:バナナが 好きです。
す

바나나가 좋습니다.

(3) A:テニスと スキーと どちらが
じょうず

上手ですか。

테니스랑 스키랑 어느 쪽을 잘합니까?

B:テニスより スキーの 方が 上手です。
ほう じょうず

테니스보다 스키를 잘합니다.

(4) A:色の 中で 何が 一番 好きですか。
いろ なか なに いちばん す

색 중에서 무엇이 가장 좋습니까?

B:青色が 一番 好きです。
あおいろ いちばん す

파란색이 가장 좋습니다.

쓰기 연습

1. サッカーと 野球と どちらが
や きゅう
上手ですか。
じょう ず

2. 冬より 夏の 方が 好きです。
ふゆ なつ ほう す

3. 果物の 中で 何が 一番
くだもの なか なに いちばん

おいしいですか。

4. 歌手の 中で 誰が 一番 好きですか。
か しゅ なか だれ いちばん す

5. 日本の 中で 東京が 一番
に ほん なか とうきょう いちばん

にぎやかです。

9

銀行は どこに ありますか。
은행은 어디에 있습니까?

말하기 연습

1

〈보기〉

A : 방 안에 고양이가 있습니까?

B₁ : 네, 방 안에 있습니다.

B₂ : 아니요, 방 안에 없습니다.

(1) A : 책상 위에 꽃이 있습니까?

B₁ : はい、机の 上に あります。

네, 책상 위에 있습니다.

B₂ : いいえ、机の 上に ありません。

아니요, 책상 위에 없습니다.

(2) A : 스피커 사이에 TV가 있습니까?

B₁ : はい、スピーカーの 間に あります。

네, 스피커 사이에 있습니다.

B₂ : いいえ、スピーカーの 間に ありません。

아니요, 스피커 사이에 없습니다.

(3) A : 집 앞에 다나카 씨가 있습니까?

B₁ : はい、家の 前に います。

네, 집 앞에 있습니다.

B₂ : いいえ、家の 前に いません。

아니요, 집 앞에 없습니다.

(4) A : 테이블 아래에 개가 있습니까?

B₁ : はい、テーブルの 下に います。

네, 테이블 아래에 있습니다.

B₂ : いいえ、テーブルの 下に いません。

아니요, 테이블 아래에 없습니다.

2

〈보기〉

A : 에어컨은 어디에 있습니까?

B : 달력 오른쪽에 있습니다.

(1) A : 猫は どこに いますか。

고양이는 어디에 있습니까?

B : ベッドの 上に います。

침대 위에 있습니다.

(2) A : くつは どこに ありますか。

구두는 어디에 있습니까?

B : 箱の 中に あります。

상자 안에 있습니다.

(3) A : かさは どこに ありますか。

우산은 어디에 있습니까?

B : テレビと スピーカーの 間に あります。

TV와 스피커 사이에 있습니다.

3

(1) 전부 몇 명입니까?

七人です。 7명입니다.

(2) 김 씨의 아버지는 어디에 있습니까?

お母さんの 隣に います。

어머니 옆에 있습니다.

奥さんの 前に います。

부인 앞에 있습니다.

(3) 김 씨의 어머니는 어디에 있습니까?

お父さんの 隣に います。

아버지 옆에 있습니다.

息子と お父さんの 間に います。

아들과 아버지 사이에 있습니다.

(4) 김 씨의 부인은 어디에 있습니까?

キムさんの 隣に います。

김 씨 옆에 있습니다.

お父さんの 後ろに います。

아버지 뒤에 있습니다.

듣기 연습

1 🎧34

(1) 猫は 机の 右に います。

고양이는 책상 오른쪽에 있습니다.

(2) かばんは いすの 下に あります。

가방은 의자 아래에 있습니다.

(3) テレビは スピーカーの 左の テーブル
の 上に あります。

텔레비전은 스피커 왼쪽 테이블 위에 있습니다.

(4) 妹は 私の 後ろに います。

여동생은 내 뒤에 있습니다.

2 🎧35

(1) ③　　(2) ②　　(3) ①　　(4) ④

(1) テーブルの 下に サッカーボールが
あります。 테이블 아래 축구공이 있습니다.

(2) ベッドの 上に 猫が います。
침대 위에 고양이가 있습니다.

(3) スピーカーと テレビの 間に かさが
あります。
스피커와 텔레비전 사이에 우산이 있습니다.

(4) クーラーの 左に カレンダーが
あります。 에어컨 왼쪽에 달력이 있습니다.

쓰기 연습

1. コンビニは 銀行の 隣(横)に あります。
2. デパートは 駅の 近くに あります。
3. 猫は いすの したに います。
4. かばんの 中に 本が ありません。
5. 父、母、姉が 二人 います。

10

今日(きょう) 何(なに)を しますか。 오늘은 무엇을 합니까?

말하기 연습

1

〈보기〉

일본어 공부를 하다

A : 자주 일본어 공부를 합니까?

B1: 네, 자주 합니다.

B2: 아니요, 그다지 안 합니다.

(1) 커피를 마시다

A : よく コーヒーを 飲(の)みますか。

자주 커피를 마십니까?

B1: はい、よく 飲(の)みます。

네, 자주 마십니다.

B2: いいえ、あまり 飲(の)みません。

아니요, 그다지 마시지 않습니다.

(2) 친구를 만나다

A : よく 友(とも)だちに 会(あ)いますか。

자주 친구를 만납니까?

B1: はい、よく 会(あ)います。

네, 자주 만납니다.

B2: いいえ、あまり 会(あ)いません。

아니요, 그다지 만나지 않습니다.

(3) 영화를 보다

A : よく 映画(えいが)を 見(み)ますか。

자주 영화를 봅니까?

B1: はい、よく 見(み)ます。

네, 자주 봅니다.

B2: いいえ、あまり 見(み)ません。

아니요, 그다지 보지 않습니다.

2

〈보기〉

が を に で から へ まで と

이/가 을/를 ～에 ～에서 ～부터 ～로 ～까지 ～와/과 ～에게

(1) 毎朝(まいあさ) 7時(しちじ)に 起(お)きます。

매일 아침 7시에 일어납니다.

それから ごはんを 食(た)べます。

그러고 나서 밥을 먹습니다.

(2) 毎日(まいにち) 9時(くじ)から 6時(ろくじ)まで 会社(かいしゃ)で 仕事(しごと)を します。

매일 9시부터 6시까지 회사에서 일을 합니다.

(3) 何時(なんじ)に うちへ 帰(かえ)りますか。

몇 시에 집으로 갑니까?

(4) 友(とも)だちと 映画(えいが)を 見(み)ます。

친구와 영화를 봅니다.

(5) よく 先生(せんせい)に 質問(しつもん)しますか。

자주 선생님에게 질문을 합니까?

(6) 教室(きょうしつ)に 何(なに)が ありますか。

교실에 무엇이 있습니까?

3

① 영화를 보다   ② 어디에서 보다   ③ 영화관에서 보다

〈보기〉

A : 오늘 무엇을 합니까?

B : ① 영화를 봅니다.

A : ② 어디에서 봅니까?

B : ③ 영화관에서 봅니다.

(1) A : 오늘 무엇을 합니까?

B : ① 運動を します。 운동을 합니다.
うんどう

A : ② どんな 運動を しますか。
うんどう

어떤 운동을 합니까?

B : ③ 自転車に 乗ります。
じてんしゃ   の

자전거를 탑니다.

(2) A : 오늘 무엇을 합니까?

B : ① 本を 読みます。 책을 읽습니다.
ほん よ

A : ② どんな 本を 読みますか。
ほん よ

어떤 책을 읽습니까?

B : ③ 小説を 読みます。
しょうせつ よ

소설을 읽습니다.

(3) A : 오늘 무엇을 합니까?

B : ① 料理を 作ります。
りょうり つく

요리를 만듭니다.

A : ② 何を 作りますか。
なに つく

무엇을 만듭니까?

B : ③ 日本料理を 作ります。
にほんりょうり つく

일본요리를 만듭니다.

(4) A : 오늘 무엇을 합니까?

B : ① 勉強を します。
べんきょう

공부를 합니다.

A : ② どこで しますか。

어디에서 합니까?

B : ③ 家で します。
いえ

집에서 합니다.

듣기 연습

1 🎧37

(1) 私は 毎日 7時に 起きます。
わたし まいにち しちじ お

저는 매일 7시에 일어납니다.

(2) 学校で 勉強を します。
がっこう べんきょう

학교에서 공부를 합니다.

(3) 地下鉄で 行きます。
ちかてつ い

지하철로 갑니다.

(4) 今日は 仕事を しません。
きょう しごと

오늘은 일을 하지 않습니다.

2 🎧38

(1) ④   (2) ②   (3) ⑤   (4) ①   (5) ③

(1) A : 今日 何を しますか。
きょう なに

오늘 무엇을 합니까?

B : 図書館で 勉強を します。
としょかん べんきょう

도서관에서 공부를 합니다.

(2) A : 今日 何を しますか。
きょう なに

오늘 무엇을 합니까?

B : ハンバーガーを 食べます。
た

햄버거를 먹습니다.

(3) A : 今日 何を しますか。
きょう なに

오늘 무엇을 합니까?

B : 会社へ 行きます。
かいしゃ い

회사에 갑니다.

(4) A : 今日 何を しますか。

오늘 무엇을 합니까?

B : 映画を 見ます。

영화를 봅니다.

(5) A : 今日 何を しますか。

오늘 무엇을 합니까?

B : うちで 休みます。

집에서 쉽니다.

쓰기 연습

1. 私は よく コーヒーを 飲みます。
2. 私は 毎日 早く 起きます。
3. 今週末は 何を しますか。
4. 駅の 前で 友だちに 会います。
5. 今日は 家に 早く 帰りません。

11

何を 食べましょうか。 무엇을 먹을까요?

말하기 연습

1

〈보기〉

A : 어제 술을 마셨습니까?

B₁ : 네, 마셨습니다.

B₂ : 아니요, 마시지 않았습니다.

(1) A : 주말에 영화를 봤습니까?

B₁ : はい、見ました。

네, 봤습니다.

B₂ : いいえ、見ませんでした。

아니요, 보지 않았습니다.

(2) A : 아침밥을 먹었습니까?

B₁ : はい、食べました。

네, 먹었습니다.

B₂ : いいえ、食べませんでした。

아니요, 먹지 않았습니다.

(3) A : 어제 데이트를 했습니까?

B₁ : はい、しました。

네, 했습니다.

B₂ : いいえ、しませんでした。

아니요, 하지 않았습니다.

(4) A : 주말에 도서관에 갔습니까?

B₁ : はい、行きました。

네, 갔습니다.

B₂ : いいえ、行きませんでした。

아니요, 가지 않았습니다.

2

〈보기〉

(술을 마시다, 회사 앞 가게)

A : 함께 술을 마시지 않을래요?

B : 좋아요, 마십시다. 어디에서 마실까요?

A : 회사 앞 가게로 가죠.

B : 네, 그렇게 합시다.

(1) (운동하다, 휘트니스 클럽)

A : 一緒に 運動を しませんか。

함께 운동하지 않을래요?

B : いいですね、しましょう。

どこで しましょうか。

좋아요, 합시다. 어디에서 할까요?

A：ジムへ 行きましょう。

헬스장으로 가죠.

B：はい、そうしましょう。

네, 그렇게 합시다.

(2) (밥을 먹다, 중국음식점)

A：一緒に 昼ご飯を 食べませんか。

함께 밥을 먹지 않을래요?

B：いいですね、食べましょう。

どこで 食べましょうか。

좋아요, 먹읍시다. 어디에서 먹을까요?

A：中華レストランへ 行きましょう。

중국음식점으로 가죠.

B：はい、そうしましょう。

네, 그렇게 합시다.

(3) (산책하다, 한강공원)

A：一緒に 散歩を しませんか。

함께 산책을 하지 않을래요?

B：いいですね、しましょう。

どこで しましょうか。

좋아요, 합시다. 어디에서 할까요?

A：ハンガン公園へ 行きましょう。

한강공원으로 가죠.

B：はい、そうしましょう。

네, 그렇게 합시다.

(4) (쇼핑하다, 근처 백화점)

A：一緒に 買い物を しませんか。

함께 쇼핑하지 않을래요?

B：いいですね、しましょう。

どこで しましょうか。

좋아요, 합시다. 어디에서 할까요?

A：近くの デパートへ 行きましょう。

근처 백화점으로 가죠.

B：はい、そうしましょう。

네, 그렇게 합시다.

3

〈보기〉

(점심을 먹다, 초밥)

A : 점심은 먹었습니까?

B : 아니요 아직입니다.

A : 함께 먹을래요? 초밥은 어떻습니까?

B : 좋아요.

(1) (리포트를 쓰다, 오늘)

A：レポートを 書きましたか。

리포트를 썼습니까?

B：いいえ、まだです。

아니요, 아직입니다.

A：一緒に 書きませんか。

今日は どうですか。

함께 쓰지 않을래요? 오늘은 어떠세요?

B：いいですね。좋아요.

(2) (커피를 마시다, 카페라테)

A：コーヒーを 飲みましたか。

커피를 마셨습니까?

B：いいえ、まだです。

아니요, 아직입니다.

A：一緒に 飲みませんか。

カフェラテは どうですか。

같이 마시지 않을래요? 카페라테는 어떻습니까?

B：いいですね。좋아요.

(3) (다나카 씨의 선물을 사다, 가방)

A：田中さんの プレゼントを 買い
ましたか。

다나카 씨의 선물을 샀습니까?

B：いいえ、まだです。

아니요, 아직입니다.

A：一緒に 買いませんか。

かばんは どうですか。

함께 사러 가지 않을래요? 가방은 어떻습니까?

B：いいですね。좋아요.

(4) (청소를 하다, 내일)

A：掃除を しましたか。

청소를 했습니까?

B：いいえ、まだです。

아니요, 아직입니다.

A：一緒に しませんか。
明日は どうですか。

함께 하지 않을래요? 내일은 어떻습니까?

B：いいですね。좋아요.

듣기 연습

1 🎧40

(1) 週末、何を しましたか。

주말에 무엇을 했습니까?

(2) 昨日は 学校へ 行きませんでした。

어제는 학교에 가지 않았습니다.

(3) 一緒に 遊びませんか。

함께 놀지 않을래요?

(4) うちで ゆっくり 休みました。

집에서 푹 쉬었습니다.

2 🎧41

(1) ✕　　(2) ✕　　(3) ✕　　(4) ○　　(5) ✕

(1) A：きのう テレビを 見ましたか。

어제 텔레비전을 보았습니까?

B：忙しくて 見ませんでした。

바빠서 보지 않았습니다.

(2) A：ご飯を 食べましたか。

밥을 먹었습니까?

B：まだです。아직입니다.

(3) A：昨日 会社へ 行きましたか。

어제 회사에 갔었습니까?

B：いいえ、行きませんでした。

아니요, 가지 않았었습니다.

(4) A：昨日 先生に 会いましたか。

어제 선생님을 만났습니까?

B：はい、デパートで 会いました。

네, 백화점에서 만났습니다.

(5) A：週末 お酒を 飲みましたか。

주말에 술을 마셨습니까?

B：いいえ、飲みませんでした。

아니요, 마시지 않았습니다.

쓰기 연습

1. 週末 何を しましたか。
2. 昨日は 友だちと 遊びました 。
3. 土曜日は 会社へ 行きませんでした。
4. 一緒に 昼ごはんを 食べませんか。
5. 一緒に 映画を 見ましょう。

12

映画を 見に 行きたいです。

영화 보러 가고 싶습니다.

말하기 연습

1

〈보기〉

(힘들다, 푹 쉬다)

A : 지금, 무엇을 하고 싶습니까?

B : 힘들어서, 푹 쉬고 싶습니다.

(1) (졸리다, 커피를 마시다)

A : 지금, 무엇을 하고 싶습니까?

B : 眠いから、コーヒーを 飲みたいです。

졸려서, 커피를 마시고 싶습니다.

(2) (새 옷으로 갖고 싶다, 쇼핑을 하다)

A : 지금, 무엇을 하고 싶습니까?

B : 新しい 服が ほしいから、買い物を したいです。

새 옷을 갖고 싶어서, 쇼핑을 하고 싶습니다.

(3) (한가하다, 영화를 보다)

A : 지금, 무엇을 하고 싶습니까?

B : 暇だから、映画を 見たいです。

한가해서, 영화를 보고 싶습니다.

2

〈보기〉

(음악을 듣다, 청소를 하다)

A : 어제 무엇을 했습니까?

B : 음악을 들으면서 청소를 했습니다.

(1) (커피를 마시다, 수다 떨다)

A : 어제 무엇을 했습니까?

B : コーヒーを 飲みながら おしゃべりを しました。

커피를 마시면서 수다를 떨었습니다.

(2) (TV를 보다, 밥을 먹다)

A : 어제 무엇을 했습니까?

B : テレビを 見ながら ご飯を 食べました。

TV를 보면서 밥을 먹었습니다.

(3) (전화를 하다, 개와 산책하다)

A : 어제 무엇을 했습니까?

B : 電話を しながら 犬と 散歩を しました。 전화를 하면서 개와 산책을 했습니다.

3

〈보기〉

(이 핸드폰, 크다, 사용하다)

A : 이 핸드폰은 어떻습니까?

B : 커서 사용하기 쉽습니다.

(1) (이 책, 글자가 작다, 읽다)

A : この 本は どうですか。

이 책은 어떻습니까?

B : 字が 小さくて 読みにくいです。

글자가 작아서 읽기 힘듭니다.

(2) (이 햄버거, 크다, 먹다)

A : この ハンバーガーは どうですか。

이 햄버거는 어떻습니까?

B : 大きくて 食べにくいです。

커서 먹기 힘듭니다.

(3) (이 술, 달다, 마시다)

A : この お酒は どうですか。

이 술은 어떻습니까?

B : 甘くて 飲みやすいです。

달아서 먹기 편합니다.

(4) (이 컴퓨터, 간단하다, 사용하다)

A : この パソコンは どうですか。

이 컴퓨터는 어떻습니까?

B : 簡単で 使いやすいです。

간단해서 사용하기 편합니다.

4

〈보기〉

(영화를 보다)

A : 주말에 무엇을 하고 싶습니까?

B : 영화를 보고 싶습니다.

A : 함께 보러 가지 않겠습니까?

B : 좋아요.

(1) (술을 마시다)

A : 週末 何を したいですか。

주말에 무엇을 하고 싶습니까?

B : お酒を 飲みたいです。

술을 마시고 싶습니다.

A : 一緒に 飲みに 行きませんか。

함께 마시러 가지 않겠습니까?

B : いいですね。 좋습니다.

(2) (놀다)

A : 週末 何を したいですか。

주말에 무엇을 하고 싶습니까?

B : 遊びたいです。

놀고 싶습니다.

A : 一緒に 遊びに 行きませんか。

함께 놀러 가지 않겠습니까?

B : いいですね。 좋습니다.

(3) (쇼핑을 하다)

A : 週末 何を したいですか。

주말에 무엇을 하고 싶습니까?

B : 買い物を(が) したいです。

쇼핑을 하고 싶습니다.

A : 一緒に 買い物(を し)に 行きませんか。

함께 쇼핑하러 가지 않겠습니까?

B : いいですね。 좋습니다.

(4) (여행을 가다)

A : 週末 何を したいですか。

주말에 무엇을 하고 싶습니까?

B : 旅行に 行きたいです。

여행을 가고 싶습니다.

A : 一緒に 旅行に 行きませんか。

함께 여행하러 가지 않겠습니까?

B : いいですね。 좋습니다.

듣기 연습

1 🎧43

(1) コーヒーを 飲みに 行きましょう。

커피를 마시러 갑시다.

(2) スキーに 行きました。

스키 타러 갔습니다.

(3) 新しい ケータイが ほしいです。
   あたら

새 핸드폰을 갖고 싶습니다.

(4) ゆっくり 休みたいです。
          やす

푹 쉬고 싶습니다.

2 🎧44

(1) ② 　(2) ① 　(3) ④ 　(4) ③

(1) A : 何を しに 行きましたか。
       なに   い

무엇을 하러 갔습니까?

   B : 本を 借りに 行きました。
       ほん か   い

책을 빌리러 갔습니다.

(2) A : 何を しに 行きましたか。
       なに   い

무엇을 하러 갔습니까?

   B : サッカーを しに 行きました。
                    い

축구하러 갔습니다.

(3) A : 何を しに 行きましたか。
       なに   い

무엇을 하러 갔습니까?

   B : 買い物に 行きました。
       か もの   い

쇼핑하러 갔습니다.

(4) A : 何を しに 行きましたか。
       なに   い

무엇을 하러 갔습니까?

   B : コーヒーを 飲みに 行きました。
               の   い

커피 마시러 갔습니다.

1. この 料理は 作りやすいです。
       りょう り つく

2. この 新聞は 字が 小さくて
       しんぶん じ ちい
   読みにくいです。
   よ

3. ハンバーガーは 食べやすいです。
                た

4. この 本は 難しくて 理解しにくい
       ほん むずか   り かい
   です。

5. お酒は どうですか。苦くて 飲みにくい
     さけ   にが   の
   です。

왕초보를 위한 쉽고 빠른 입문서

한 번에 끝내는

일본어 첫걸음

/ 가나 쓰기 연습 /

글로벌 인재를 위한, 제2외국어 교육의 선두주자

ECK Books

왕초보를 위한 **쉽고 빠른 입문서**

한 번에 끝내는

일본어 첫걸음

/ 가나 쓰기연습 /

ECK Books

청음

 [a]
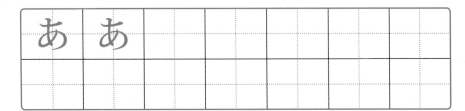

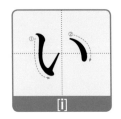 [i]
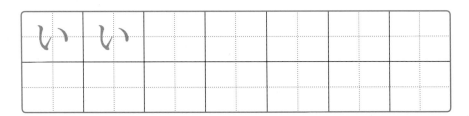

 [u]
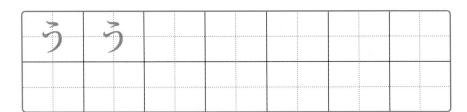

 [e]
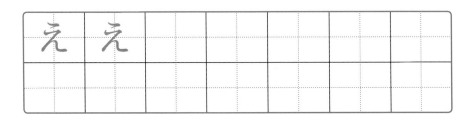

 [o]

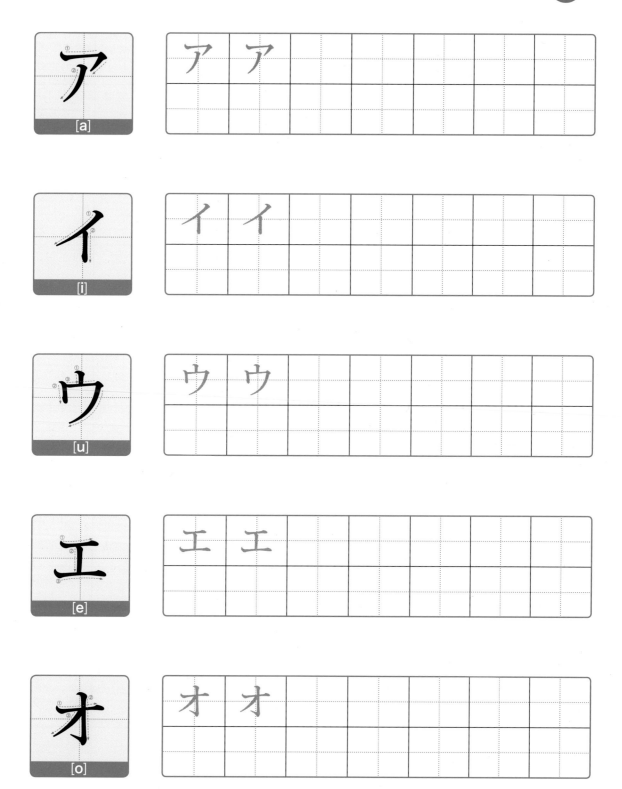

ア [a]	ア	ア					
イ [i]	イ	イ					
ウ [u]	ウ	ウ					
エ [e]	エ	エ					
オ [o]	オ	オ					

| | [ka] | か | か | | | | | | |

| | [ki] | き | き | | | | | | |

| | [ku] | く | く | | | | | | |

| | [ke] | け | け | | | | | | |

| | [ko] | こ | こ | | | | | | |

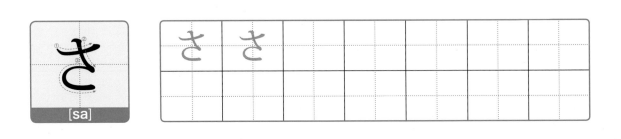

さ	さ					

[sa]

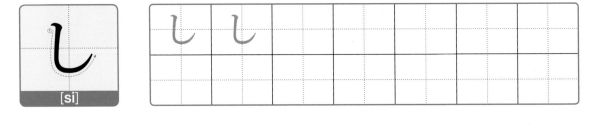

し	し					

[si]

す	す					

[su]

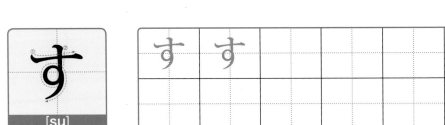

せ	せ					

[se]

そ	そ					

[so]

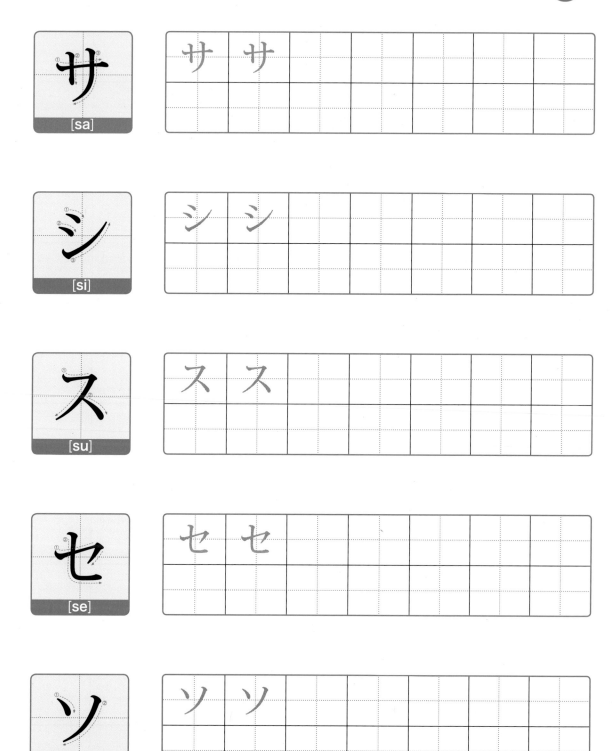

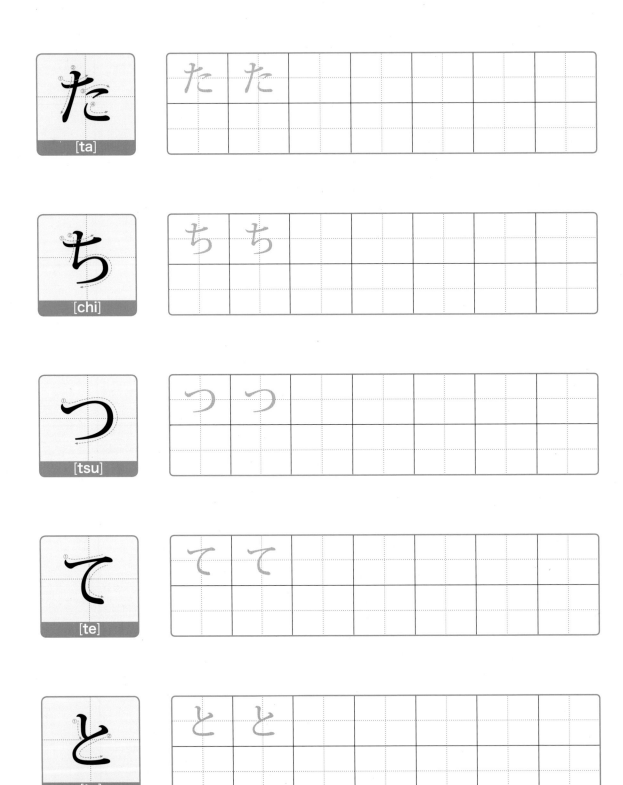

タ						
タ	タ					

[ta]

チ						
チ	チ					

[chi]

ツ						
ツ	ツ					

[tsu]

テ						
テ	テ					

[te]

ト						
ト	ト					

[to]

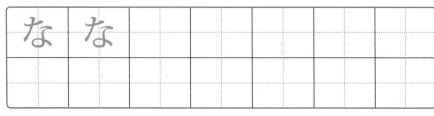

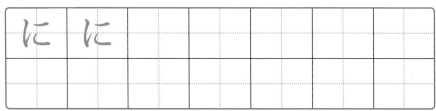

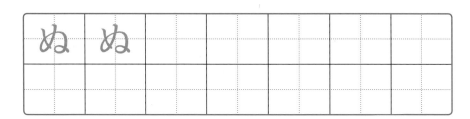

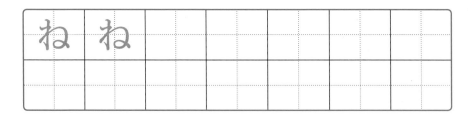

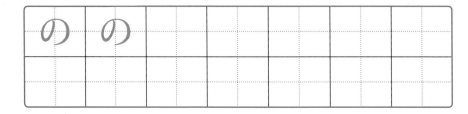

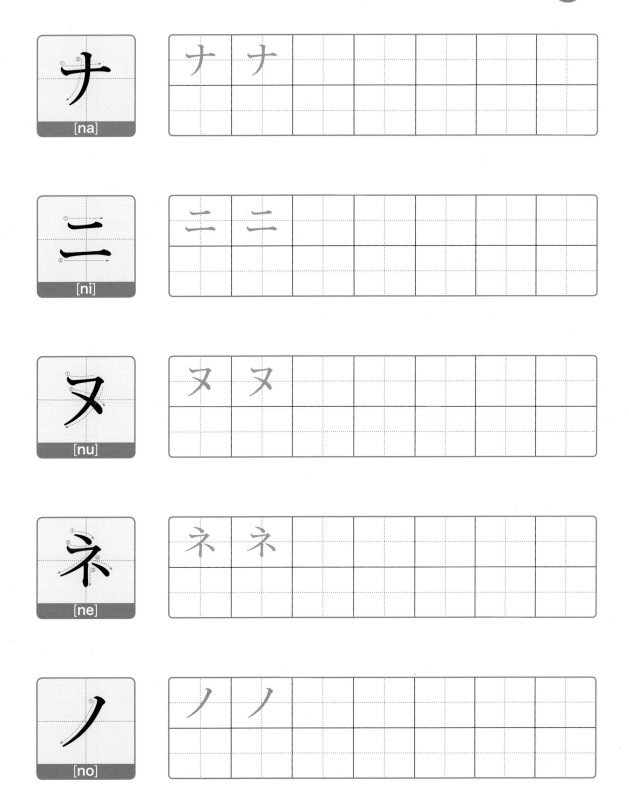

ナ [na]

ニ [ni]

ヌ [nu]

ネ [ne]

ノ [no]

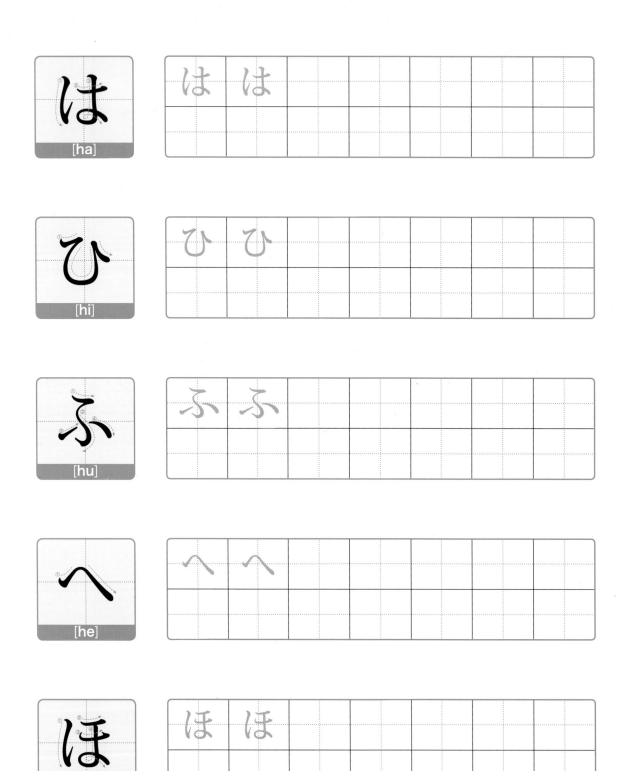

は [ha]

ひ [hi]

ふ [hu]

へ [he]

ほ [ho]

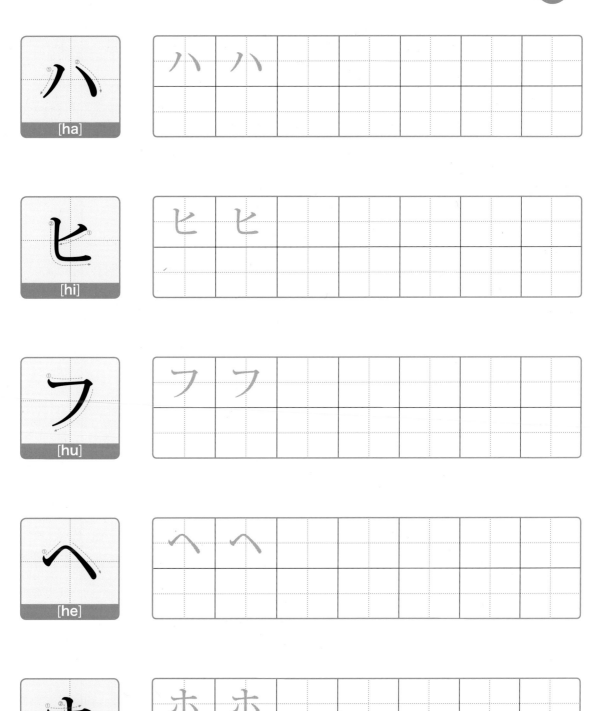

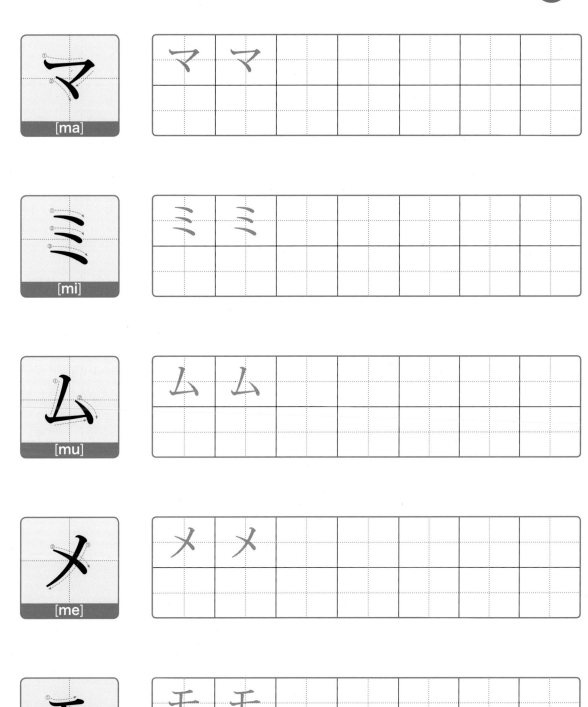

マ [ma]

ミ [mi]

ム [mu]

メ [me]

モ [mo]

[ya]

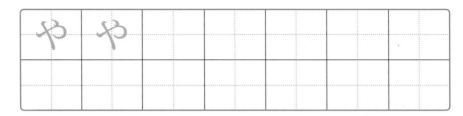

[yu]

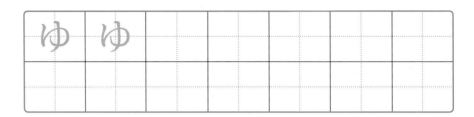

[yo]

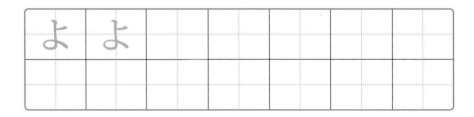

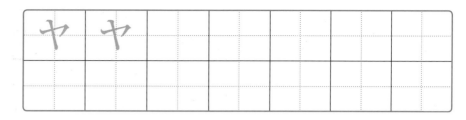

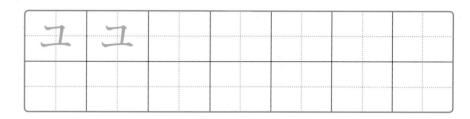

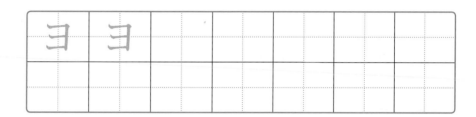

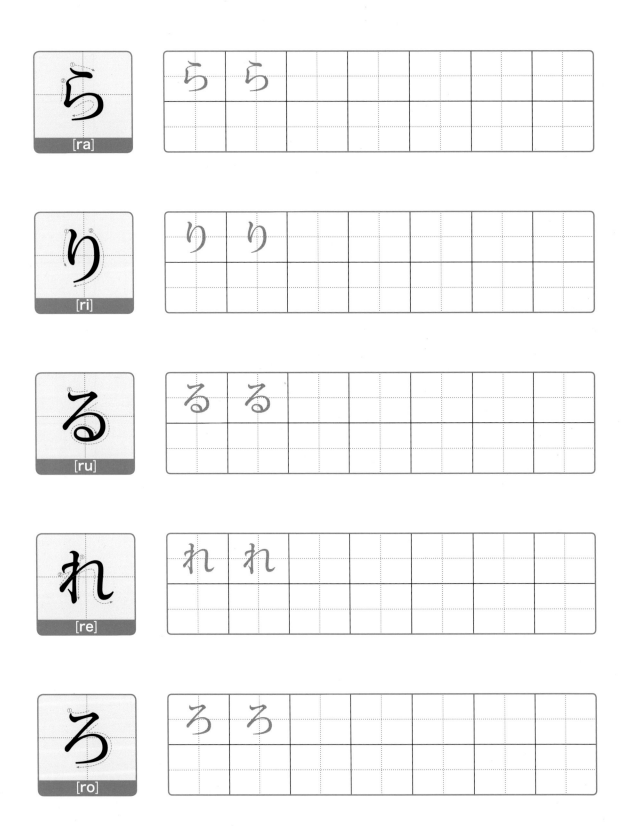

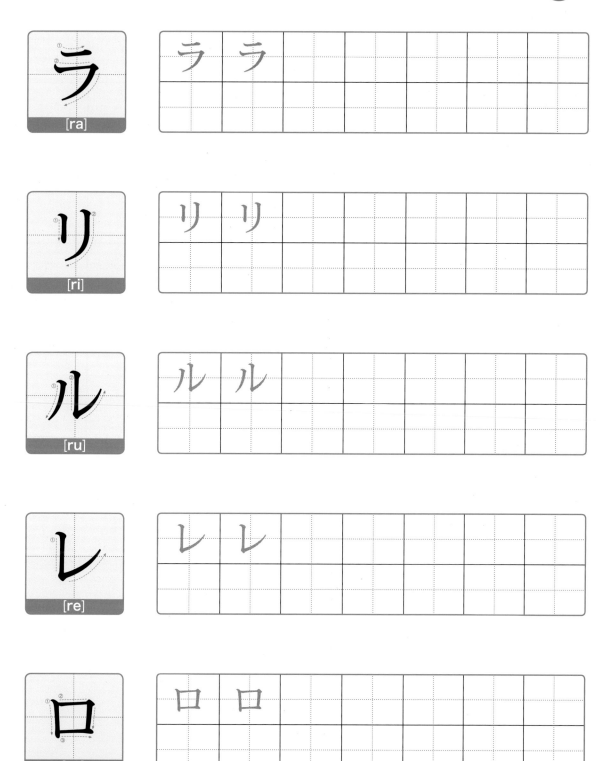

ラ [ra]	ラ	ラ						
リ [ri]	リ	リ						
ル [ru]	ル	ル						
レ [re]	レ	レ						
ロ [ro]	ロ	ロ						

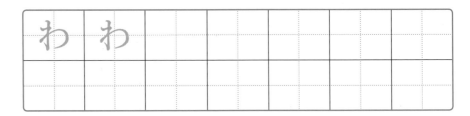

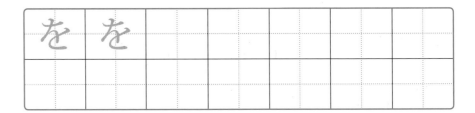

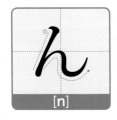

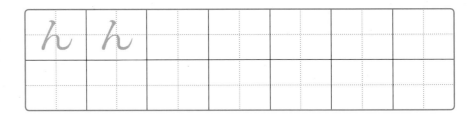

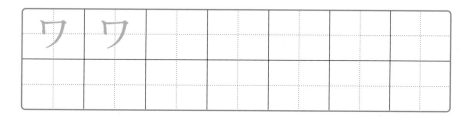

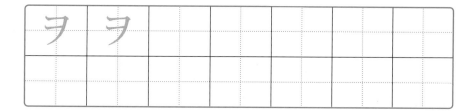

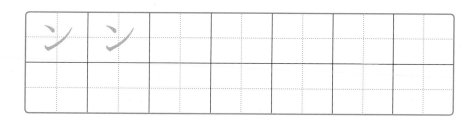

탁음·반탁음

が [ga]

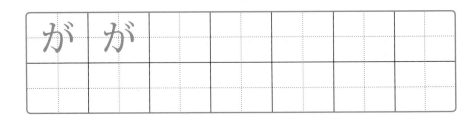

が　が

ぎ [gi]

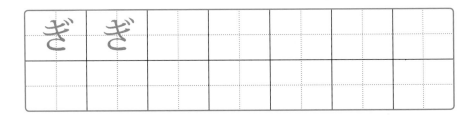

ぎ　ぎ

ぐ [gu]

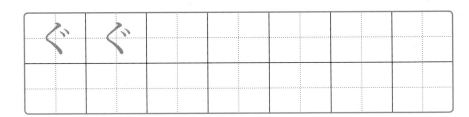

ぐ　ぐ

げ [ge]

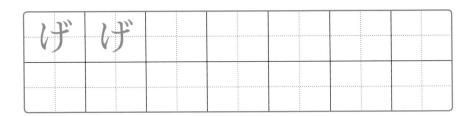

げ　げ

ご [go]

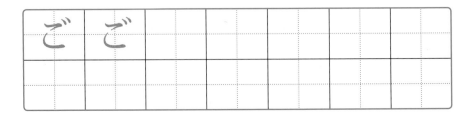

ご　ご

ガ ガ

ギ ギ

グ グ

ゲ ゲ

ゴ ゴ

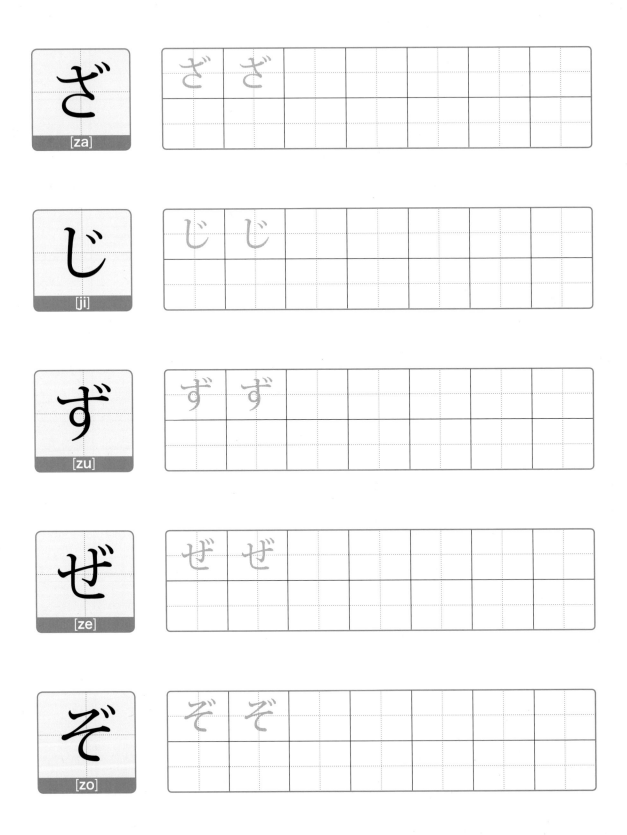

| ざ [za] | ざ | ざ | | | | | |

| じ [ji] | じ | じ | | | | | |

| ず [zu] | ず | ず | | | | | |

| ぜ [ze] | ぜ | ぜ | | | | | |

| ぞ [zo] | ぞ | ぞ | | | | | |

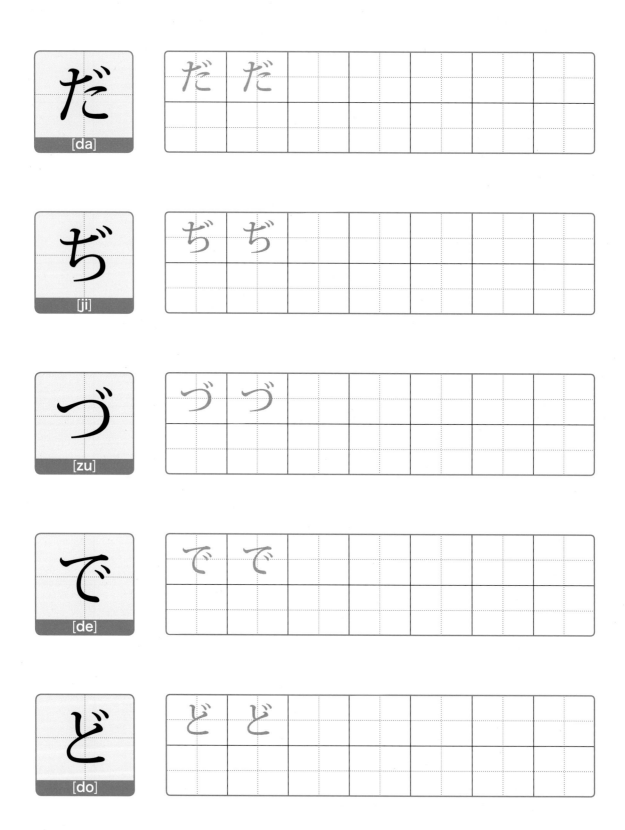

ダ [da]	ダ	ダ					
チ [ji]	チ	チ					
ヅ [zu]	ヅ	ヅ					
デ [de]	デ	デ					
ド [do]	ド	ド					

ば [ba]	ば ば				
び [bi]	び び				
ぶ [bu]	ぶ ぶ				
べ [be]	べ べ				
ぼ [bo]	ぼ ぼ				

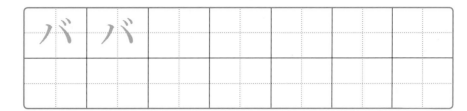

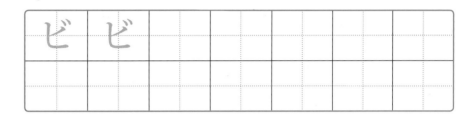

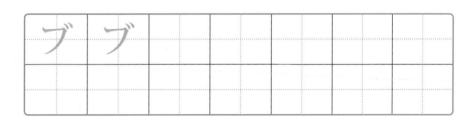

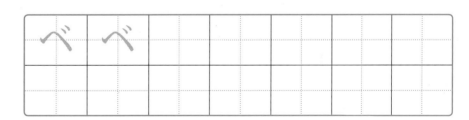

ぱ [pa]	ぱ	ぱ					

ぴ [pi]	ぴ	ぴ					

ぷ [pu]	ぷ	ぷ					

ぺ [pe]	ぺ	ぺ					

ぽ [po]	ぽ	ぽ					

パ [pa]	パ	パ					

ピ [pi]	ピ	ピ					

プ [pu]	プ	プ					

ペ [pe]	ペ	ペ					

ポ [po]	ポ	ポ					

요음

きゃ [kya]	きゃ	きゃ					

きゅ [kyu]	きゅ	きゅ					

きょ [kyo]	きょ	きょ					

キャ [kya]	キャ	キャ					

キュ [kyu]	キュ	キュ					

キョ [kyo]	キョ	キョ					

| ぎゃ [gya] | ぎゃ | ぎゃ | | | | | |
| | | | | | | | |

| ぎゅ [gyu] | ぎゅ | ぎゅ | | | | | |
| | | | | | | | |

| ぎょ [gyo] | ぎょ | ぎょ | | | | | |
| | | | | | | | |

| ギャ [gya] | ギャ | ギャ | | | | | |
| | | | | | | | |

| ギュ [gyu] | ギュ | ギュ | | | | | |
| | | | | | | | |

| ギョ [gyo] | ギョ | ギョ | | | | | |
| | | | | | | | |

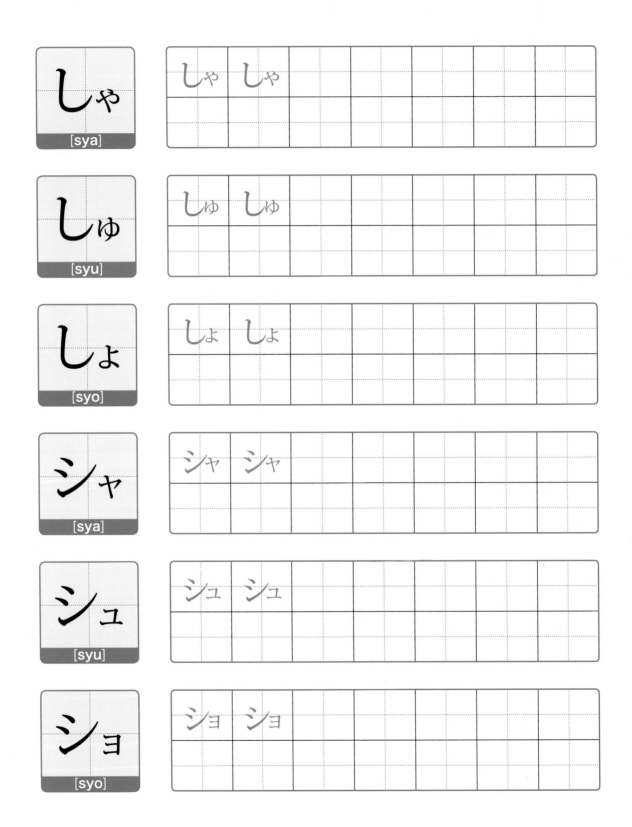

しゃ	しゃ						

[sya]

しゅ	しゅ						

[syu]

しょ	しょ						

[syo]

シャ	シャ						

[sya]

シュ	シュ						

[syu]

ショ	ショ						

[syo]

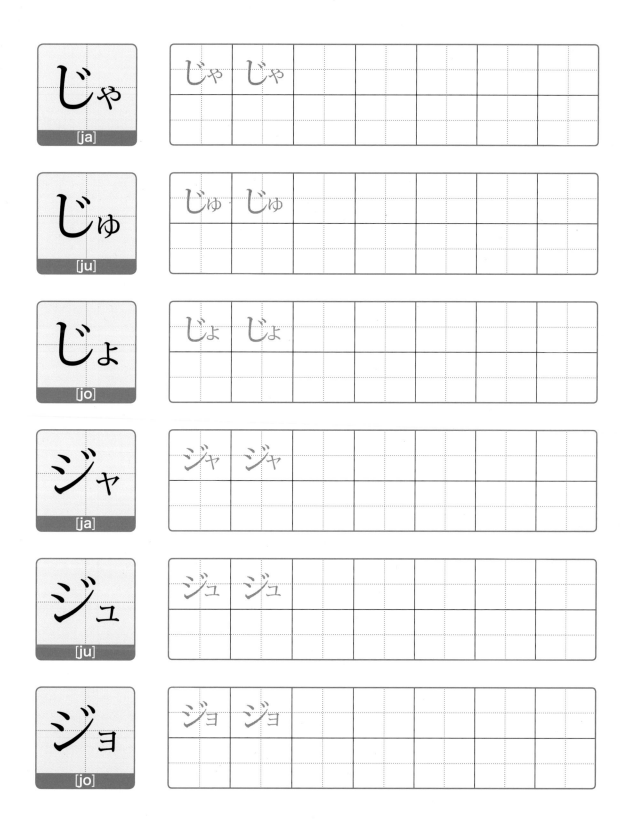

じゃ [ja]	じゃ じゃ				
じゅ [ju]	じゅ じゅ				
じょ [jo]	じょ じょ				
ジャ [ja]	ジャ ジャ				
ジュ [ju]	ジュ ジュ				
ジョ [jo]	ジョ ジョ				

ちゃ [cha]	ちゃ	ちゃ					
ちゅ [chu]	ちゅ	ちゅ					
ちょ [cho]	ちょ	ちょ					
チャ [cha]	チャ	チャ					
チュ [chu]	チュ	チュ					
チョ [cho]	チョ	チョ					

にゃ [nya]	にゃ	にゃ					

にゅ [nyu]	にゅ	にゅ					

にょ [nyo]	にょ	にょ					

ニャ [nya]	ニャ	ニャ					

ニュ [nyu]	ニュ	ニュ					

ニョ [nyo]	ニョ	ニョ					

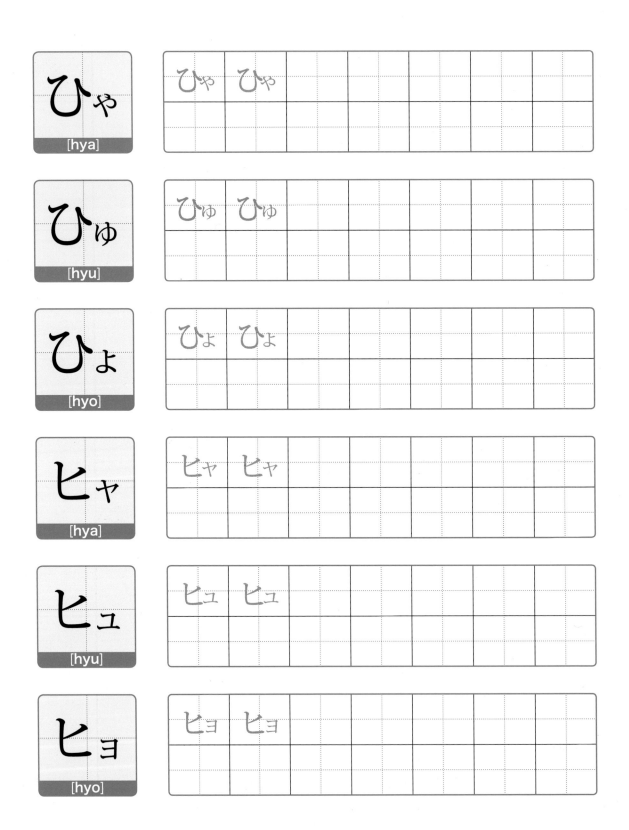

| ひゃ [hya] | ひゃ | ひゃ | | | | | |

| ひゅ [hyu] | ひゅ | ひゅ | | | | | |

| ひょ [hyo] | ひょ | ひょ | | | | | |

| ヒャ [hya] | ヒャ | ヒャ | | | | | |

| ヒュ [hyu] | ヒュ | ヒュ | | | | | |

| ヒョ [hyo] | ヒョ | ヒョ | | | | | |

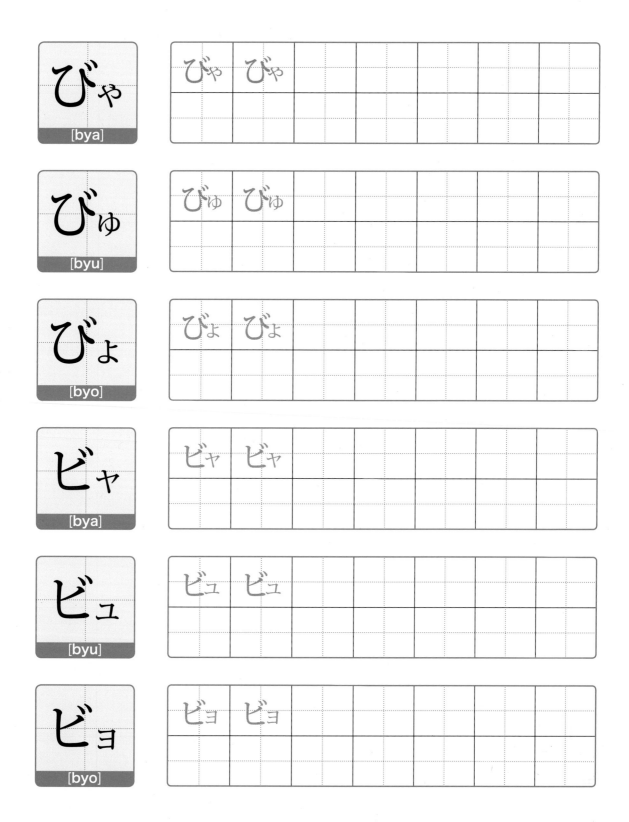

びゃ [bya]	びゃ	びゃ					
びゅ [byu]	びゅ	びゅ					
びょ [byo]	びょ	びょ					
ビャ [bya]	ビャ	ビャ					
ビュ [byu]	ビュ	ビュ					
ビョ [byo]	ビョ	ビョ					

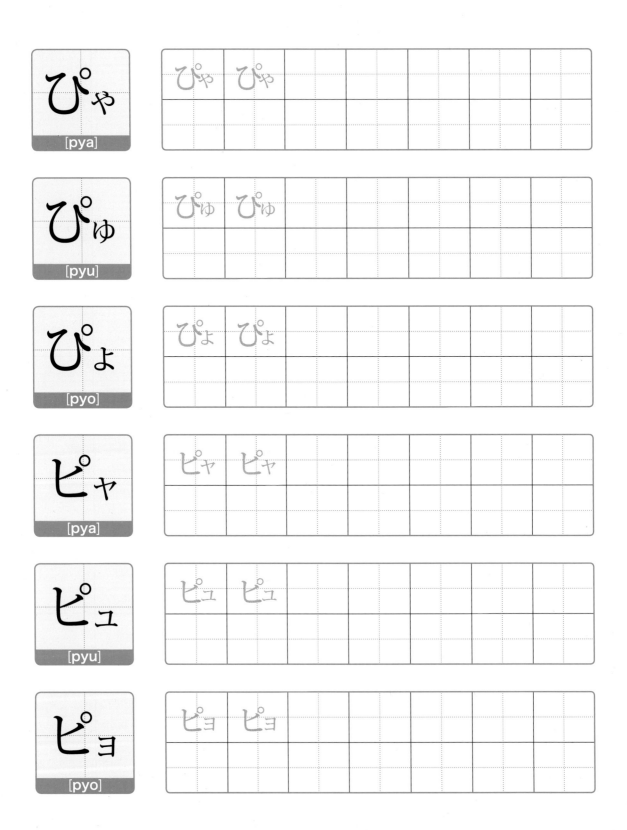

ぴゃ						
ぴゃ	ぴゃ					

[pya]

ぴゅ						
ぴゅ	ぴゅ					

[pyu]

ぴょ						
ぴょ	ぴょ					

[pyo]

ピャ						
ピャ	ピャ					

[pya]

ピュ						
ピュ	ピュ					

[pyu]

ピョ						
ピョ	ピョ					

[pyo]

みゃ [mya]	みゃ	みゃ					
みゅ [myu]	みゅ	みゅ					
みょ [myo]	みょ	みょ					
ミャ [mya]	ミャ	ミャ					
ミュ [myu]	ミュ	ミュ					
ミョ [myo]	ミョ	ミョ					

りゃ [rya]	りゃ	りゃ					

りゅ [ryu]	りゅ	りゅ					

りょ [ryo]	りょ	りょ					

リャ [rya]	リャ	リャ					

リュ [ryu]	リュ	リュ					

リョ [ryo]	リョ	リョ					

MEMO

MEMO

한 번에 끝내는

일본어 첫걸음

쓰기부터 회화까지
한 번에 끝내는 쉽고 빠른 입문서

히라가나, 가타카나
쓰기부터 회화까지 한 번에!